かぎ針で編む
ルナヘヴンリィの小さな花と実のブーケ

Lunarheavenly
中里華奈

河出書房新社

Introduction

かぎ針編みで花を作るようになって、
草花や実をもっと本物らしく表現したいと思うようになりました。
花びらやつぼみのかたち、葉や実のつき方、
草花のたたずまい、息づくように咲く様子、熟した実の存在感……。
野に咲く花や実を見ていると、自然のままが美しく、
その素直さに胸を打たれます。

じっくりと観察して、パターンを起こし、何度も何度も試作を重ねながら、
1つひとつ、レース糸で咲かせたり、実らせたりしてきました。
だから、すべての作品が私にとってはとても愛おしい存在です。

それらを、ふと束ねてブーケにしてみたら、花や実が仲良く互いを引き立て合って、
さらに美しい表情となって輝き始めました。
丹精込めて編んだ花や実を自分だけのとっておきのアクセサリーにしたり、
大切なだれかのためにブーケにしてプレゼントしたりして、
繊細なレース編みから生まれる、草花や実のやさしい表情を
ぜひ多くの方に楽しんでいただけたらと思います。

針と糸を手にすると自然と穏やかな気持ちになります。
それは、「編む」という作業を通して、編み地の中に心を編み込んでいるからなのかも
しれません。
作品を通して、心穏やかな時間を皆さまと共有できたら、
これほど嬉しいことはありません。

Lunarheavenly 中里華奈

Contents

Introduction		2
この本の見方		5

草花と実

	作品	作り方
フリージア	6	38
チューリップ	6	42
ポピー	7	44
ハルジオン	7	46
ブルーベリー	8	51
いちご	9	48
ミモザ	10	57
マグノリア	10	52
ラナンキュラス	11	54
ピオニー	11	58
ニゲラ	11	60
ガーベラ	12	62
カーネーション	12	63
デイジー	12	64
ききょう	13	67
あさがお	13	65
フランネルフラワー	14	66
ユーカリ	15	68
ミント	15	68
セージ	15	61
ヤドリギ	16	70
ヒペリカム	16	69
ナナカマド	17	72

アクセサリー	作品	作り方
フリージアのピンブローチ	18	75
マグノリアのブローチ	18	
ピオニー、チューリップ、ナナカマドの花束ブローチ	19	76
フランネルフラワーのつぼみ、ミモザ、ハーブリーフの花束ブローチ	19	
フランネルフラワー、ニゲラ、ラナンキュラスの花束ブローチ	19	
ガーベラの花束ブローチ	19	
ブルーベリー、イチゴ、ミントのネックレス	20	77
ラナンキュラス、フランネルフラワー、チューリップ、ミモザのネックレス	20	
花冠	21	78
リングピロー	21	79

基本の道具・基本の材料	22
カラーチャートと着色のポイント	23
基本の編み目記号と編み方	24
基本の編み方	26
一重の花（ききょう）編	26
八重の花（ピオニー）編	29
ワイヤー入りの葉(ききょう) 編	32
がく(ききょう) 編	33
5つ葉(ピオニー) 編	34
実もの(いちご) 編	35
組み立て(ききょう) 編	36

この本の見方

✤材料について

・本書で紹介している材料は、メーカーや販売店によって名称が異なる場合があります。また、材料に関する情報は2018年10月時点のものです。商品によっては、メーカーの都合で生産中止や廃番になることもありますので、ご了承ください。

✤作品について

・道具や材料、基本の編み目記号については、P.22〜25をご参照ください。
・作品の編み方〜組み立て方は、基本の編み方P.26〜37で、ききょう、ピオニー、いちごを例として紹介しています。他の作品を作る場合も、応用できるテクニックなのでご参照ください。
・基本の編み方のページをはじめ、一部のプロセスで、分かりやすく伝えるために、作品と異なる色つきの太い糸で写真を撮影しています。実際に作品を作るときは、レース糸#80の白で制作してください。
・配色番号については、P.23のカラーチャートの番号を記載しています。

✤アクセサリーについて

・ピンブローチ・ブローチピンのつけ方、ネックレス、花冠、リングピローの基本的な作り方を紹介しています。使用する草花と実については、お好みのもので自由に制作してください。

フリージア

大、中、小、つぼみと背比べのようにかわいらしく花を並べて。球根つきで作れば、植物標本のようなリアルな雰囲気に。

How to make ___P.38

チューリップ

春の光をいっぱい浴びて、明るい色に咲いたチューリップ。大きな葉には自然なウェーブをつけて本物らしく。

How to make ___P.42

ハルジオン

糸のような繊細な花びらは、実は本当に糸で作っています。ふっくらとした黄色の花芯でやさしい表情をプラス。

How to make ___P.46

ポピー

4枚の花弁は、編むと少しずつ編み重なり、立体的な表情になります。花のペップのまわりにガラスブリオンの花粉をつけて。

How to make ___P.44

ブルーベリー

たわわに実った丸い実は、ぐるぐると輪に編んでいく編み方なので意外にかんたん。おいしそうな紫色の実に仕上げて。

How to make ___P.51

いちご

初夏の日差しの中で真っ赤に熟した実と可憐に咲いた花。いちごの中には糸の余りを詰め込んで、ふっくらとさせます。

How to make ___P.48

ミ モ ザ

丸い小さな花をぎっしりと枝に
つけた姿が可憐なミモザ。幸せ
を呼び込む花ともいわれていま
す。葉は銀葉と柳葉の2種類。

How to make ___P.57

マグノリア

淡いピンクの花びらが上品に重
なり合い、早春の香りが漂って
きそうな一枝。ゴツゴツとした
節や曲がり具合まで再現して。

How to make ___P.52

ラナンキュラス

八重の花びらをボリューム感
たっぷりに重ねて仕上げます。
重たげな花を支える細い茎を、
少したゆませて。

How to make ___P.54

ピオニー

存在感のある大輪のピオニーは、
ブーケでは主役クラス。花びら
を編み重ねていくうちに、いき
いきとした表情が現れます。

How to make ___P.58

ニゲラ

レース糸で作った苞(ほう)で花を覆
うように組み立てます。緑色の
ペップとガラスブリオンが愛ら
しい花の印象を作ります。

How to make ___P.60

ガーベラ

きれいに開いた花から、元気パワーがあふれてきます。1輪でも存在感がたっぷりですが、チャーミングなブーケにも。

How to make ___P.62

カーネーション

独特な花先のギザギザや幾重にもなった花びらの美しさもそのままに。身につける人の年齢を問わない上品さも魅力。

How to make ___P.63

デイジー

ふっくらした花芯と開いた花びらのバランスが絶妙な愛らしさ。ブーケにすると、また違った表情で輝き出します。

How to make ___P.64

ききょう

花びらの先を変わり編みで少しだけ尖らせているのがポイントです。花芯に見立てたペップもかわいらしさをプラス。

How to make ___ P.67

あさがお

花のウェーブは、編んだあとに硬化液スプレーをかけてからピンセットで作ります。ワイヤーに糸を巻いたツルをつけて。

How to make ___ P.65

フランネルフラワー

ハーブとしても人気のフランネルフラワー。触れるだけで癒されるような、やわらかな花の質感を白い糸で表現しています。

How to make ___ P.66

ユーカリ、ミント、セージ

ブーケに欠かせないハーブ系グリーンリーフです。花の引き立て役にもなりますが、リーフだけでまとめても、大人っぽい雰囲気に。

How to make ＿＿ユーカリ、ミント　P.68
How to make ＿＿セージ　P.61

ヤドリギ

枝分かれして広がる枝の間につややかな実を結びつけて。幸せを呼び込むクリスマスアイテムとして、欠かせません。

How to make ___P.70

ヒペリカム

スッと伸びた茎の先に、形のよい赤い実をつけたヒペリカム。ブーケでは主役にもなり、差し色にもなります。

How to make ___P.69

ナナカマド

ガラスブリオンを花芯にあしらった雪のような花と鮮やかな赤い実が印象的。実はウッドビーズに刺しゅう糸を巻いて作っています。

How to make ___P.72

❋ フリージアのピンブローチ ❋

スカーフを留めるコサージュに
したり、帽子につけたり。元気
の出る黄色の花で。

How to make ___ P.75

❋ マグノリアのブローチ ❋

清楚な白のマグノリアが、茶
色味を帯びた葉と茎と合って、
シックで上品なブローチに。

ピオニー、チューリップ、ナナカマドの花束ブローチ

ピオニーを主役に愛らしいチューリップ、ナナカマドの花を束ねた初夏のブーケ。

How to make ___ P.76

フランネルフラワーのつぼみ、ミモザ、ハーブリーフの花束ブローチ

ハーブリーフをベースにして小さな花たちを際立たせます。ナチュラルな麻バッグにつけても。

フランネルフラワー、ニゲラ、ラナンキュラスの花束ブローチ

ブルー系の花でまとめたさわやかなブーケ。白いブラウスにつければ、清潔感あふれた装いに。

ガーベラの花束ブローチ

3色のガーベラを束ねて。バッグやポーチ、帽子などに。花は好みの色に着色して楽しんで。

ブルーベリー、いちご、ミントのネックレス

いちごの実の赤を差し色に、グリーンとブルーでまとめたネックレス。パーティにもぴったり。

How to make ___ P.77

ラナンキュラス、フランネルフラワー、チューリップ、ミモザのネックレス

淡い色合いでまとめたやさしい印象のネックレス。シンプルなワンピースに合わせて。

花冠

フランネルフラワー、チューリップ、ピオニー、ナナカマドの花など、少女の頃の憧れをいっぱい集めて。

How to make ___P.78

リングピロー

お花畑の花たちが永遠の愛を祝福してくれているかのよう。葉っぱの指輪かけがロマンチック。

How to make ___P.79

基本の道具
基本の材料

作品作りに必要な道具、あると便利な道具です。レース糸、染料をはじめ、アクセサリー完成までに使用する材料です。

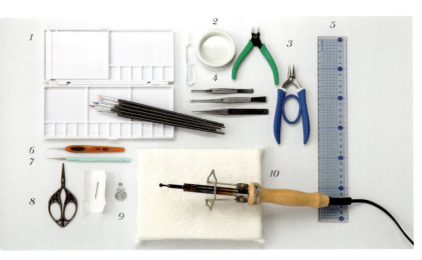

1 **パレット・絵筆**
絵筆は0号を使用します。パレットは使いやすいものを。

2 **小皿・スポイト**
小皿は編んだパーツを染める前に水につけるのに使用。スポイトは染料を薄めるときに。

3 **ニッパー・ヤットコ**
アクセサリーを組み立てるときに使う道具です。ヤットコは丸ヤットコと平ヤットコの両方あると便利です。

4 **ピンセット**
先のとがったものと先の丸いものを使用。とがったものは葉や花の先をとがらせたいときに、丸いものは編み地に丸みをつけたいときに、コテの代わりになります。

5 **定規**
花のパーツや全体のサイズを計るときに使います。方眼定規が便利です。

6 **レース針**
No.14のレース針を使用。

7 **目打ち**
編み目にレース針が入らないときなどに、編み目に差して目を広げます。

8 **ハサミ**
糸やワイヤーを切るのに使います。

9 **縫い針・糸通し**
編み上がったパーツの糸始末などに使います。糸通しもあると便利です。

10 **コテ・コテ台**
編み上がった花弁に丸みをつけるときにコテ先にすずらん(大)をつけて使用。ピンセットや指先でも代用できます。

1 **ワイヤー**
指定以外は#35の地巻きワイヤー白(上)を使います。下は#26。ナナカマドの実は、裸ワイヤー(直径0.2mm・右)を使用。

2 **麻ひも**
ブーケを束ねるときに使います。直径0.3mmを多く使用していますが、お好みで。

3 **両面テープ**
ブーケで茎を束ねるときに使います。

4 **ネックレスチェーン・パーツ**
チェーン、引き輪、アジャスター、丸カンなど。

5 **ブローチピン**
作品に合わせてサイズや素材を選びます。

6 **ペップ**
頭の色が白か黄の幅1〜2mmを花芯に使います。染料で染める場合もあります。

7 **レース糸**
DMCのコルドネスペシャル#80BLANC(白)を使用。

8 **硬化液スプレー**
編んだパーツの型崩れ防止に、丸みやウェーブの形づくりに使用します。

9 **ビーズ類**
赤いクリスタルビーズ(左)は、そのままヤドリギの実に。ウッドビーズ(右)はナナカマドの実に使用。

10 **ガラスブリオン**
ネイルパーツとして、さまざまな色が出ています。本書では花芯に使います。

11 **アートフラワー用染料**
編んだ花や葉などを染めます。主に誠和の「ローパスロスティ」を使用。

12 **接着剤**
レース糸をワイヤーに巻くときや、茎先の仕上げにも使います。

カラーチャートと着色のポイント

作品に使用する配色番号と色名、染料名です。2種類以上混ぜているものは、染料の多い順に記載しています。

1 イエロー／イエロー
2 オレンジ／イエロー＋レッド
3 コーラルピンク／レッド＋イエロー
4 ピンク／レッド
5 フューシャピンク／レッド＋レッドバイオレット
6 レッドパープル／レッドバイオレット
7 ライラック／レッドバイオレット＋パープル
8 パープル／パープル
9 バイオレット／パープル＋ブルー
10 ブルー／ブルー
11 ライトブルー／ブルー＋ダークグリーン
12 ブルーグリーン／ダークグリーン
13 グリーン／グリーン
14 イエローグリーン／グリーン＋イエロー
15 オリーブグリーン／オリーブグリーン
16 ブラウン／ブラウン＋ブラック
17 レッド／レッド
18 ディープレッド／レッド＋ブラック

+ 着色のポイント

1 着色前に編んだパーツを水に浸す。

2 色を混ぜる場合は1色ずつ水で薄めたものを混ぜ合わせる。

3 水をふき取ったパーツをペーパータオルの上にのせ、外側から着色する。

4 花芯など別色をつける場合は、1時間ほど乾かしたあとに色をつける。

基本の編み目記号と編み方

作品を編むときに必要になる編み目記号とその編み方です。

✕ = こま編み

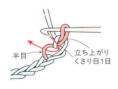   

✕ = こま編みのすじ編み

1. 立ち上がりのくさり目を1目編む。※この目は目数に数えない。
2. 1目めの半目に針を入れ、針先に糸をかけて引き抜く。
3. もう一度、針先に糸をかけて矢印の方向に引き抜く。
4. 2〜3を繰り返す。
1. すじ編みにするときは、前段の2本をすくわずに、向こう側1本のみを針ですくってこま編みする。

T = 中長編み

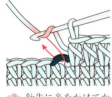  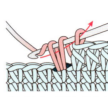 

1. 針先に糸をかけてから、前段の頭の糸2本の中に針を入れる。
2. 針先に糸をかけて矢印の方向に引き抜く。
3. 再び、針先に糸をかけて矢印の方向に引き抜く。
4. 中長編みのでき上がり。

T = 長編み

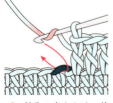  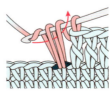 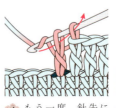 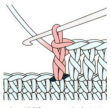

1. 針先に糸をかけ、前段の頭に針を入れる。
2. 針先に糸をかけて矢印の方向に引き抜く。
3. 再び、針先に糸をかけて左から2ループを引き抜く。
4. もう一度、針先に糸をかけて残りの2ループを引き抜く。
5. 長編みのでき上がり。

T = 長々編み

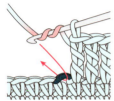  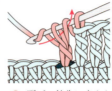 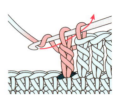 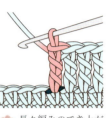

1. 針先に糸を2回巻いてから、前段の頭に針を入れる。
2. 針先に糸をかけ引き抜いてから、再び針先に糸をかけて矢印の方向に引き抜く。
3. 再び、針先に糸をかけて矢印の方向に2ループを引き抜く。
4. 3を繰り返す。
5. 長々編みのでき上がり。

╤ = 三つ巻き長編み

1. 針先に糸を3回かけて、前段の頭に針を入れる。
2. 針先に糸をかけ矢印の方向に引き抜く。
3. 再び、針先に糸をかけて矢印の方向に引き抜く。
4. 3と同じことを繰り返す。
5. 3と同じことを2回繰り返す。
6. 三つ巻き長編みのでき上がり。

⋀ = こま編み2目一度

 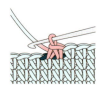

1. 前段の頭に針を入れ糸をかけて引き出し、次の目にも針を入れ糸をかけて引き出す。
2. もう一度針先に糸をかけて、針にかかっているループをすべて引き抜く。

⋎ = こま編み2目編み入れる

 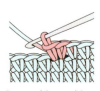

1. 前段の頭に針を入れてこま編みを1目編む。
2. 1と同じ頭に針を入れてこま編みを編む。
3. こま編み2目編み入れるのでき上がり。

V = 長編み2目編み入れる

 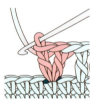

1. 前段の同じ目に長編みを2本編む。
2. 長編み2目編み入れるのでき上がり。

V = 長々編み2目編み入れる

1. 長々編みを編んだら、次も同じ目に針を入れて長々編みを編む。
2. 針先に糸をかけて引き抜くことを繰り返す。
3. 長々編み2目編み入れるのでき上がり。

● = 引き抜き編み

1. 立ち上がりのくさり目は編まずに前段の頭2本に針を入れる。
2. 針先に糸をかけ矢印のように引き抜く。

◖ = くさり1目ピコット

1. くさり目を1目編んだら、すぐ下の足の左端の糸に針を入れる。
2. 針先に糸をかけて引き抜く。
3. くさり1目ピコットのでき上がり。

○ = くさり編み

 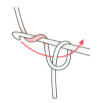  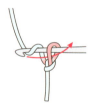 

1. かぎ針を矢印のように回して糸をかける。
2. 針先に糸をかけて矢印のように引き出す。
3. 糸端を引いてループの大きさを整える。
4. 針先に糸をかけて引き出す。これが1目め。
5. 指定の数だけ、4を繰り返す。

基本の編み方

多くの作品に共通する基本の編み方です。ききょう、ピオニー、いちごなどの例で紹介しますが、他の作品にも応用できるので参考にしてください。

一重の花(ききょう)編

●1～4段めまでの目数表

段	目数	増し方・減らし方
4	15	5目増す
3	10	3目増す
2	7	2目増す
1	5	わに5目編み入れる

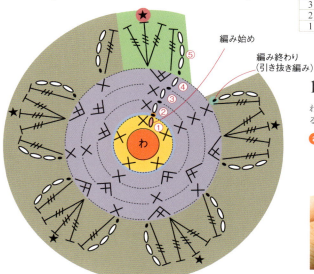

ききょうの花・編み図

1.花の中心を編む

わの作り目から編む方法で、増し目をしながらぐるぐるとわに編みます。

a わを作る

① 左手の人さし指の先に糸を2回巻きつける。

② 巻いた糸をはずし、交差しているところを右手で持つ。

b くさりを1目立ち上げる

 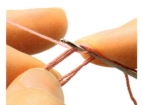  

③ 左手に糸をかけて、②のわを持ち、右手でかぎ針を持つ。針先をわに入れて糸をかける。

④ 手前に引き出す。

⑤ わの外側でかぎ針の先に糸をかける。

⑥ かぎ針にかかっているループを引き抜く。

c 1段めのこま編みを編む

⑦ もう一度針先に糸をかけて、引き抜く。

⑧ これが立ち上がりのくさり1目分になる。

⑨ わの中にこま編み(→P.24)を5目編み入れる。

⑩ 編み入れたところ。

d わを縮める

11 かぎ針をいったんはずし、短いほうの糸端を少し引き、重なっているわの糸のどちらが動くか確認する。

12 11 で動いたわの糸を引いて、わを小さくする。

13 しっかり引ききる。

e 引き抜き編みをする

f 2〜4段めを編む

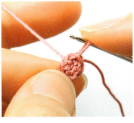

14 1段め最後の目に再びかぎ針を入れ、1目めの頭の糸2本の下に針を入れ、針先に糸をかけて、引き抜く。

15 1段めが編めたところ。

16 くさり目を1目編む。

17 1目めは前段の頭の糸に針先を入れこま編み(→P.24)1目を編む。

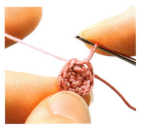

18 2目めは、同じ目にこま編みを2目編み入れる(→P.25)。編めたところ。

19 17〜18 を繰り返して2段めを編み、最後の目を編んだら、最初の目に針を入れて引き抜き編みをする。

20 2段めの編み上がり。

21 4段めまで編み図どおりにこま編み2目編み入れながら、増し目をして編み上げる。

g 三つ巻き長編みを編みながら5段めを編む

2.花びらを編む

三つ巻き長編みを編み入れながら、アレンジ編み(★)をして花びらの先端をとがらせます。

1 5段めはまず、立ち上がりのくさり目を3目編む。

2 1目めは三つ巻き長編み(→P.25)を編む。

3 2目は同じ目に三つ巻き長編みを2本編み入れる。

h ★を編む

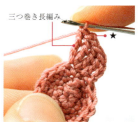

4 ★を編む。2本めの三つ巻き長編みのすぐ下の足の左端の糸（イラスト参照）に針を入れる。

5 針先に糸をかけて引き抜く。

6 ★の編み上がり。

7 同じ目に3本めの三つ巻き長編みを編み入れる。

i 花びらを5枚編む

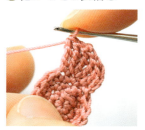

8 次は、前段の3目めに三つ巻き長編みを編む。

9 くさり目3目を編む。

10 8の三つ巻き長編みと同じ目に針を入れる。

11 針先に糸をかけて引き抜く。

j 5段めを編み終えて糸始末をする

12 1枚めの花びらの編み上がり。次の目の頭を拾って引き抜く。

13 1〜12を繰り返して、花びらを5枚編む。

14 最後の目の頭にもう一度針を入れる。

15 針先に糸をかけて引き抜く。

16 15cm程度残して糸を切る。縫い針に糸を通す。

17 編み終わりの糸は、花の裏側に出す。

18 裏側の編み地2〜3目に糸をくぐらせることを2回繰り返してから糸をギリギリで切る。

19 始まりの糸も18と同様に糸始末して、根元ギリギリで切る。ききょうの花の編み上がり。

八重の花(ピオニー)編

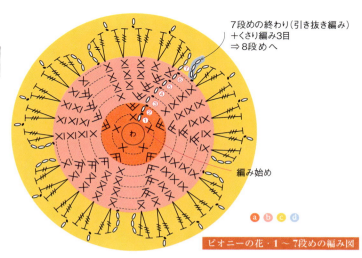

● 1〜6段めまでの目数表

段	目数	増し方・減らし方
6	25	増減なし
5	25	5目増す
4	20	5目増す
3	15	5目増す
2	10	5目増す
1	5	わに5目編み入れる

ⓐ 1段めは5目こま編みを編み入れる

1.花の中心を編む

わから始める編み方で増し目をしながらぐるぐると編んでいきます。

1 わを作り、こま編み5目を編み入れて、中心をしぼる(→P.26〜27 *1* 〜 *13*)。

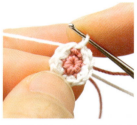

2 2段めはこま編み2目編み入れるを繰り返し5目増し目をする。

ⓑ 3〜5段めまで増し目をし、6段めは増減なしで編む

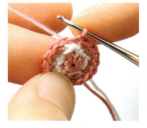

3 3段めは1目おきにこま編み2目編み入れるをして、5目増し目をする。

4 4段めからは、こま編みのすじ編み(→P.24)をする。前段の頭の目の向こう側を半目すくって編む。

5 こま編みのすじ編みで6段めまで編んだところ。最後は最初の目と引き抜き編みをする。

6 引き抜いたところ。6段めの編み上がり。

2.花びらを編む

三つ巻き長編みを2目編み入れるを繰り返しながら、花先に1目ピコットを編み入れます。

ⓒ 1目ピコットを入れながら7段めを編む

1 7段めはまずくさり目3目編む。

2 長々編みを1目編み、同じ目に三つ巻き長編みを編み入れる。

3 次の目に進み、三つ巻き長編みを編む。ここで1目くさり目を編む。

4 三つ巻き長編みのすぐ下の足の左端の糸に針を入れる（→P.25）。

5 針先に糸をかけて引き抜く。1目ピコットの編み上がり。

6 同じ目に三つ巻き長編みを編み入れる。

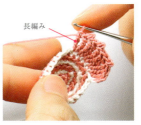
7 三つ巻き長編み2目編み入れると1目ピコット編みをしながら進み、10目めは長々編みをする。

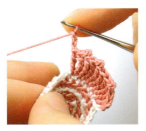
8 くさり目3目を編む。

9 7と同じ目に針を入れて針先に糸をかける。

10 引き抜く。花びら1枚の編み上がり。

11 1～10を繰り返して花びらを5枚編む。

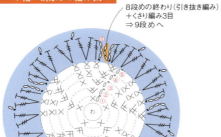
ピオニーの花・8段めの編み図
8段めの終わり（引き抜き編み）＋くさり編み3目 ⇒ 9段めへ
6～7段めを省略

d 8段めを編む

12 くさり目3目を編む。

13 前段の花びらの中央辺りの、5段めの手前半目に針を入れる。

14 針先に糸をかけて引き抜く。

15 くさり編みを3目編み、同じ目に長々編みを編み入れる。

16 三つ巻き長編みに、1目ピコットを編みながら花びらを編む。

17 8段めの編み上がり。

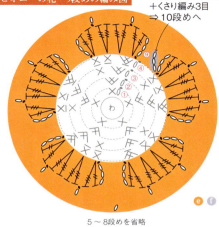

ピオニーの花・9段めの編み図

9段めの終わり（引き抜き編み）
＋くさり編み3目
⇒10段めへ

5〜8段を省略

e 9段めを編む

18 くさり目3目を編む。

前段の花びら

19 前段の花びらの中央辺りの、4段めの手前半目に針を入れる。

20 針先に糸をかけて引き抜く。

21 くさり編みを3目編み、同じ目に長々編みを編み入れる。

22 三つ巻き長編みに、1目ピコットを編みながら花びらを編む。

23 9段めの編み上がり。

ピオニーの花・10段めの編み図

編み終わり（引き抜き編み）

4〜9段を省略

f 1目ピコットを入れながら10段めを編む

24 くさり目3目を編む。

前段の花びら

25 前段の花びらの中央辺りの、3段めの手前半目に針を入れる。

26 針先に糸をかけて引き抜く。

27 くさり編みを3目編み、同じ目に長々編みを編み入れる。

28 三つ巻き長編みに、1目ピコットを編みながら花びらを編む。

29 10段めの編み上がり。

ワイヤー入りの葉（ききょう）編

ききょうの葉のように長細い葉は、中心にワイヤーを編み込んでいくことで、形が整いやすくなります。

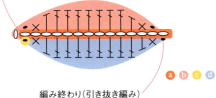

編み始め
編み終わり（引き抜き編み）

ききょうの葉（小）・編み図

ⓐ ワイヤーを入れて作り目を編む

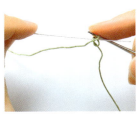

1. くさり目を1目編んだら（→P.25）、くさり目の中に15cm程度に切ったワイヤーの先を入れる。

2. 糸を引き締め、左手でワイヤーと編み始めの糸を持つ。

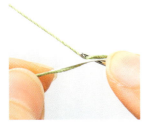

3. ワイヤーの下から針先を入れて糸をかける。

4. 引き出す。

5. もう一度針先に糸をかける。

6. 引き出す。

ⓑ 1段めの片側を編む

7. 3〜6を繰り返して14目作り目を編む。

8. 作り目がワイヤーの中心にくるようにワイヤーを移動する。

9. 編み地を左右反転し、2目めの頭の向こう側の糸1本に針を入れて引き抜く。

10. あとは編み図どおり、作り目の頭の向こう側の糸1本を拾いながら、葉の片側を編む。

ⓒ 折り返す

11. 葉の片側1段編み、左端の引き抜き編みとくさり1目を編んだところ。

12. 11で編んだ引き抜き編みの半目と作り目の残り半目に針を入れ、針先に糸をかけて引き抜く。

13. 引き抜いたところ。

14. ワイヤーを折り返す。

d 折り返したワイヤーを入れながら編む

15 折り返してから1目めは、ワイヤーの下側から針を入れてこま編みをする。

16 こま編みをしたところ。

17 2目め以降も、ワイヤーの下から針を入れながら、編み図どおりに編む。

18 15cm残して糸を切る。始まりの糸は根元で切る。

がく（ききょう）編

細い糸のようながく片を編む方法です。くさり編みを立ち上げ、引き抜き編みをしながら戻ることで、細長い形を作ることができます。

編み始め
編み終わり（引き抜き編み）
わ
a b c

a わの作り目を作りくさり目を編む

1 P.26の *1*〜*6* と同様にわの作り目を作る。

2 くさり目4目を編む。

b くさり目に引き抜き編みをする

3 *2*で編んだくさり目に引き抜き編みをする。まず、すぐ下のくさり目半目に針を入れて引き抜く。

4 引き抜いたところ。

5 次のくさり目にも針を入れ、針先に糸をかけて引き抜く。

6 引き抜いたところ。次の1目も同様に引き抜き編みをする。

c がく片を5枚編んだら中心のわを引き締める

7 わに引き抜き編みをする。

8 *2*〜*7*を繰り返して5枚のがく片を編む。

9 針をはずし、P.27の *11*〜*13*と同様にわを縮める。

10 縮めたところ。40cm程度長めに残して糸を切り、始まりの糸は糸始末して切る。

5つ葉(ピオニー)編

小さな5枚の葉をくさり編みに編み込みながら、ひと筆書きのように一気に編みます。2つ葉、3つ葉も同様に編むことができます。

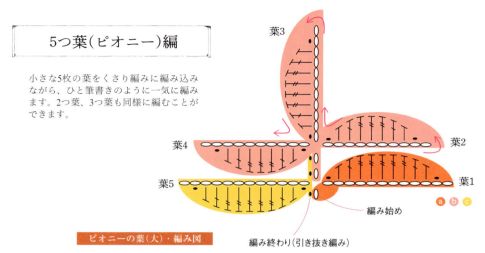

ピオニーの葉(大)・編み図

ⓐ 作り目を作って葉1の1段めを編む

1 くさり目を13目編む。

2 1目手前のくさり目の半目に針を入れて、針先に糸をかける。

3 引き抜く。あとは中長編み、長編み、長々編みを編み図どおりに編む。

4 編み始めの目から2目めは引き抜き編みをする。

ⓑ 同じ要領で葉2～4を編む

5 2目くさり目を編む。

6 さらに10目くさり目を編む。

7 編み図どおりに葉2つを1段編む。

8 同じ要領で葉4まで編む。

ⓒ 葉5を編む

9 下から3目めのくさり目の半目に針を入れる。

10 針先に糸をかけて引き抜く。

11 次のくさり目も同様に引き抜き編みをする。

12 くさり目を12目編んで、葉5を編む。5枚めの葉が編めたところ。

13 編み始めのくさり目の1目めに針を入れる。

14 針先に糸をかけて引き抜く。

15 引き抜いたところ。

16 5つ葉の編み上がり。編み終わりの糸を15cm残して糸を切る。

実もの(いちご)編

増やし目をしながら編み、途中から減らし目をしていくことで丸い実の形を作ることができます。

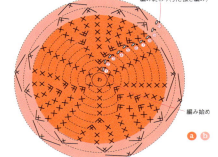

いちごの実(大)・編み図

● 1～10段めまでの目数表

段	目数	増し方・減らし方
10	6	6目減らす
9	12	13目減らす
8	25	増減なし
7	25	増減なし
6	25	5目増す
5	20	5目増す
4	15	3目増す
3	12	3目増す
2	9	3目増す
1	6	わに6目編み入れる

ⓐ 1～8段めまで編む

1 わから始まる作り目を作る。

2 こま編みを6目編み入れる。

3 中心をしぼって最初の目と引き抜き編みをして、1段めを完成させる。

4 2～6段めまでは増し目しながら編み、7～8段めは増減なしで編む。

5 8段めまで編み上がったところ。

ⓑ 糸を中に入れながら9～10段めを編む

6 中に糸の余りを入れる。始まりの糸も一緒に詰める。

7 9～10段はこま編み2目一度(→P.25)と3目一度で、減らし目しながら編む。

8 再び糸を詰める。好みの硬さにする。

9 最後の糸をしっかり引いてから、糸始末する。実もの(いちご)の編み上がり。

組み立て（ききょう）編

花や葉など、必要なパーツを編んだら着色し、組み立てていきます。他の作品も基本は同じです。茎先の仕上げ方は2パターンあるので、お好みのほうで仕上げてください。

各パーツがそろったら組み立てながら茎を作ります。

左から地巻きワイヤー（約15cm）、ペップ(1本)、花、がく、葉

a 花にワイヤーを差す

1 ききょうの花の表側の中心に2つ折りしたワイヤーを差し込む。

2 ペップを半分に切ってから差し込む。

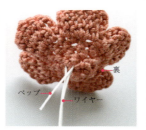

3 裏から見た状態。

b がくをつける

4 上側が裏、下側が表になるように、がくの中心にワイヤーを差し入れる。

5 花の裏に接着剤をつけて、がくをしっかり留める。

c 糸を巻きながら茎を作る

6 がくのすぐ下から1cm程度接着剤をつける。

7 がくの糸を巻いていく。

8 接着剤のあるところまで巻いたら、また接着剤をつけて巻くことを繰り返す。

d 葉を合わせる

9 葉の根元に接着剤を少しつけて葉の糸で2〜3回巻く。

10 8と合わせる。根元に接着剤を少しつける。

11 がくの糸を中に入れて2〜3回、葉の糸で巻く。葉の糸を中に入れてがくの糸で巻いても可。

12 1〜2cmずつ接着剤をつけて糸を巻くことを繰り返す。

13 好みの長さまで巻いて茎を作る。

36

e 茎先を作る1　茎先を2つ折りにして仕上げる方法です。

⑭ 好みの長さになったら、ワイヤー1本と長い糸1本残して、ほかは切る。

⑮ ワイヤーに1cm程度接着剤をつける。

⑯ 残りの糸で巻く。

⑰ ワイヤーを切ったところから7〜8mmのところで、ワイヤーを折り曲げる。

⑱ 接着剤をつけて折ったワイヤーを入れて糸で巻く。

⑲ ワイヤーを切った位置まで巻いたら、縫い針に残りの糸を通し、巻いた糸の中に通してから糸を切る。

⑳ ヤットコでワイヤーをしっかり押さえる。

㉑ ききょうのでき上がり。

e 茎先を作る2　ワイヤーごと斜めに切って仕上げる方法です。

⑭ 好みの長さまで糸を巻いたら、ワイヤー、糸ごと斜めに切り、茎と同じ染料で染める。

⑮ 切り口に接着剤をたっぷりめにつけて乾かす。

⑯ 接着剤が乾いたところ。

巻いている糸が短くなってきたら

糸が足りなくなってきたら、早めに新しい糸を足して巻きます。

ワイヤーに接着剤を2〜3cmつけて、新しい糸を貼り、残っている糸で巻いて固定する。

ワイヤーや糸が増えて茎が太くなってきたら

花や葉の数が多いと、ワイヤーや糸の本数が増えて茎が太くなってきてしまいます。次の方法で調整します。

長い糸1本、ワイヤー2本程度を残して、ほかは切ります。

●写真は分かりやすいように、作品と異なる色つきの太い糸を使用しています。

フリージア

口絵 —— p.6
完成サイズ　全長約11cm

材料

レース糸（白／#80）
地巻きワイヤー（白／#35）

作り方

1. 花〔大〕〔中〕〔小〕を編み、糸始末する。
2. がくは5枚編み、終わりの糸のみ長めに残す(15cm程度)。
3. 葉はワイヤーを入れて5枚編み、終わりの糸のみ長めに残す(15cm程度)。
4. つぼみを2つ作る。→P.40
5. 配色表のとおりに着色する。
6. ワイヤーで花を組み立て、がくをつける。→P.39
7. 糸で巻きながら各パーツを合わせ、組み立てる。→P.40
8. 球根部分を作る。→P.41
9. つぼみ、茎、球根を着色する。
10. 花と葉の形を整え、硬化液スプレーをかける。

配色表

花	6番、7番	※ランダムに着色する。
つぼみ	6番、7番、13番	※中央は染めず、根元は13番
葉、茎	13番、14番	※ランダムに着色する。
球根	16番	※グラデーションに着色する。

編み図

花〔大〕・1枚

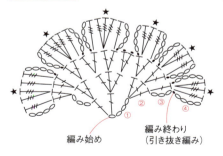

作り目を1目編み、1段めの立ち上がりのくさり目を3目編む。作り目に長編み2目を編み入れる。2〜3段めも増し目しながら扇状に往復編みをし、4段めで★（→P.28）を編みながら花びらを編む。

花〔中〕・3枚

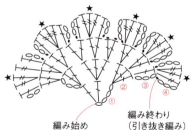

基本的な編み方は、花〔大〕と同様。4段めで★を編みながら花びらを編む。

花〔小〕・1枚

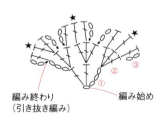

基本的な編み方は、花〔大〕と同様。3段めで★を編みながら花びらを編む。

がく・5枚

編み始め
編み終わり(引き抜き編み)

わの作り目に、立ち上がりのくさり目を2目編む。長編み、くさり編み2目を編み、わに引き抜き編みをしてがく片を編む。こま編みを1目編み、がく片をもう1枚を編んで、わを小さくする。

葉・5枚

ワイヤーを入れながら30目作り目を作り、1段編む。
→P.32参照

編み始め
編み終わり(引き抜き編み)

花の組み立てポイント ※準備／ワイヤーを10cmに切っておく。

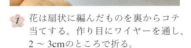

1. 花は扇状に編んだものを裏からコテ当てする。作り目にワイヤーを通し、2～3cmのところで折る。

2. 編み地の裏が上側になるように持ち、右下に接着剤をつける。

3. 接着剤を包むように円錐形にひと巻きする。

4. 花の根元に接着剤をつけながら、円錐形に巻いていく。

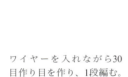

5. 最後まで巻いたところ。

6. 指で花の形を整える。

7. 裏が上になるようにがくの中心にワイヤーを差し入れる。

8. 花の裏に接着剤をつけて、がくをしっかり留める。

9. 大、中、小の花、それぞれ同様に組み立てる。

●写真は分かりやすいように、作品と異なる色つきの太い糸を使用しています。

✤ つぼみの作り方　※準備／ワイヤーを10cmに切っておく。

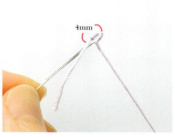

❀1 ワイヤーの先から2～3cmのところに5mmほど接着剤をつける。

❀2 接着剤をつけたところを、下から上に向かって糸を巻く。

❀3 8mm程度巻いたら、巻いた中心でワイヤーを折る。

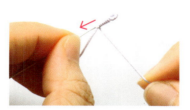

❀4 巻いた端の下側に接着剤をつける。

❀5 ワイヤー2本を合わせて、下に向かって糸を巻いていく。

❀6 1cm程度巻いたら、短い糸を切る。

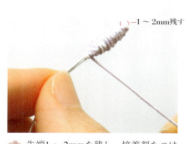

❀7 巻いてきた部分に接着剤をつける。

❀8 先端1～2mmを残し、接着剤をつけながら糸を巻いてふくらんだつぼみの形を作る。

❀9 最後は巻いた糸の下端に接着剤をつけて糸をとめ、15cm程度残して切る。

✤ 全体の組み立てポイント

❀1 花〔大〕〔中〕〔小〕にがくをつけたもの、つぼみ、葉を組み立てる。

❀2 まずつぼみの根元に接着剤をつけ、糸を下に向かって巻いていく。

❀3 1cm程度巻く。

4 花〔小〕の根元も接着剤をつけて5mm程度、糸を巻く。

5 つぼみと合わせて接着剤をつける。がくの糸でワイヤーを合わせて巻いていく。

6 5mm程度巻く。

7 花〔中〕、花〔大〕も 4 〜 6 と同様に5mmおきに合わせたら、ワイヤーを折って形を整える。

+ **球根の作り方**

8 葉は根元に少し接着剤をつけて、2〜3回残した糸で巻く。

9 7 のワイヤーを折り曲げたところから3.5cmの位置で 8 と合わせ、さらに糸を巻いて茎を作る。

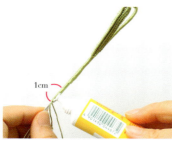

1 好みの長さまで巻いたら、巻いた糸に1cm程度接着剤をつけて巻き戻る。

2 接着剤をつけて糸を巻くことを往復しながら繰り返して、球根に見える太さにする。

3 中心部分をたくさん巻いてふっくらさせるのがポイント。

4 糸をよけ、球根の下でワイヤーを切る。

5 残っている糸は根っこにする。長いものは3cm程度の位置で切る。

6 糸をねじって離す。球根のでき上がり。

●写真は分かりやすいように、作品と異なる色つきの太い糸を使用しています。

チューリップ

口絵 ——— p.6
完成サイズ 全長約7cm

【材料】

レース糸（白／#80）
地巻きワイヤー（白／#35）

【作り方】

1. 花〔大〕〔小〕各3枚を編み、終わりの糸のみ長めに残す（30cm程度）。
2. 葉も同様に〔大〕〔小〕各1枚を編み、終わりの糸のみ長めに残す（30cm程度）。
3. 配色表のとおりに着色する。
4. 花を組み立てる。→P.43
5. 糸で巻きながら葉を合わせ、全体を組み立てる。→P.43
6. 球根部分を作る。→P.41参照
7. 茎、球根を着色する。
8. 葉の形を整え、硬化液スプレーをかける。→P.43

【配色表】

花	A:17番　B:3番※グラデーションに着色する。
葉、茎	13番、14番　※ランダムに着色する。
球根	16番　※グラデーションに着色する。

【編み図】

花〔大〕・3枚

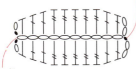

ワイヤーを入れながら10目作り目し、立ち上がりのくさり目を2目編む。作り目の半目を拾いながら編み、10目めまできたら、1目くさり目を編んで引き抜く。ワイヤーを折って、残り半目を拾いながら片側1段を編む。

葉〔大〕・1枚

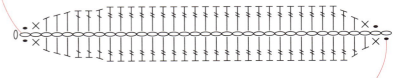

ワイヤーを入れながら35目作り目し、作り目の半目を拾いながら片側1段を編む。編み始めの1目に引き抜き編みをしたら、くさり1目編んでワイヤーを折る。残り半目を拾いながらもう一方の片側を編む。→P.32参照

花〔小〕・3枚

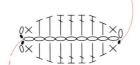

基本的な編み方は、花〔大〕と同様。ワイヤーを入れながら9目作り目して編む。

葉〔小〕・1枚

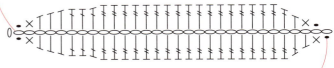

基本的な編み方は、葉〔大〕と同様。ワイヤーを入れながら30目作り目して編む。

✣ 全体の組み立てポイント

❶ 花は裏からコテを当てて丸みをつける。

❷ コテがない場合は、先の丸いピンセットを押し当てて丸みをつけてもよい。

❸ 硬化液スプレーをかける。

❹ 花〔小〕を3枚、写真のように合わせる。

❺ 根元に接着剤をつける。

❻ 糸で2回巻く。

❼ 花〔大〕を〔小〕と互い違いになるように3枚合わせ、❺〜❻と同様にして糸を巻く。

❽ ワイヤーを合わせ、接着剤をつけながら糸を巻いて茎を作る。

❾ 花の根元から約3cmの位置で葉〔小〕、または葉〔大〕を合わせる。

❿ 接着剤をつけて糸を5回巻いたら、葉〔大〕、または〔小〕を合わせる。

⓫ 下側の葉から1.5cm下に糸を巻いたら、球根を作る。(→P.41)

⓬ ピンセットの先で葉にウェーブをつけて、硬化液スプレーをかける。

ポピー

口絵 —— p.7
完成サイズ　全長約6〜7cm

材料

レース糸（白／#80）
地巻きワイヤー（白／#35）
ペップ（頭の幅2mm）…花1本につき1/2本
ガラスブリオン…適量

作り方

1. 花を編み、終わりの糸のみ長めに残す（50cm程度）。
2. つぼみ、がくを編み、がくの終わりの糸のみ長めに残す（50cm程度）。
3. 配色表のとおりに着色する。
4. ペップを半分に切り、がく、茎と同じ色でペップの頭を染める。
5. 花の中心にワイヤーをさして、さらにペップを差す。→P.45
6. ガラスブリオンをつける。→P.45
7. つぼみとがくを組み立てる。→P.45
8. 花、つぼみのそれぞれを長めに残した糸でワイヤーを巻いて茎を作る。
9. 茎を着色し、茎先を作る。→P.37参照
10. 硬化液スプレーをかけて整える。

A　B　C

配色表

花	A:3番、B:1番、C:17番
つぼみ	3番
がく	14番
茎	14番

編み図

花・1枚

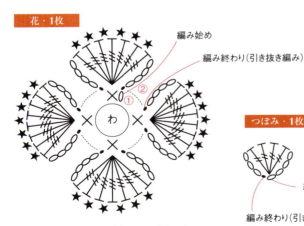

わの作り目にこま編み4目を編み入れて、わを引き締める。2段めは★（→P.28）を編みながら三つ巻き長編みを7本と8本を交互に編み入れて花びらを4枚編む。

つぼみ・1枚

くさり目を4目編み、長々編みを1目めに4本編み入れる。くさり目を3目編み、1目めに引き抜き編みをする。

がく・1枚

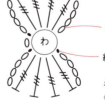

わの作り目に、立ち上がりのくさり目を4目編む。三つ巻き長編みを4本わに編み入れたら、くさり目を4目編んでわに引き抜く。くさり目を1目編んで、もう1枚がく片を編む。わを引き締める。

✤ **花の組み立てポイント**　準備／ペップの頭は14番で着色しておく。ワイヤーを約10cmに切る。

1. 花の中心にワイヤーを2つ折りにして差し、さらに着色したペップを差す。
2. ガラスブリオンを油性マジックで染める。
3. 1のペップのまわりに接着剤をつける。

4. ガラスブリオンの容器の中に接着剤をつけた花を入れる。
5. 花部分のでき上がり。あとは長く残した糸でワイヤーを巻いて茎を作る。

✤ **つぼみの組み立てポイント**　準備／ワイヤーを約10cmに切る。

  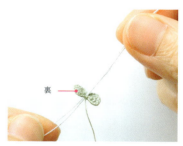

1. つぼみの根元(くさり目の1目め)にワイヤーを通す。
2. ワイヤーを2つ折りにする。
3. 裏が上になるように、がくの中心に2のワイヤーを差し込む。

4. がくでつぼみをはさみ、形を整える。
5. 接着剤をがくの内側につけて、つぼみに固定する。
6. つぼみのでき上がり。あとは長く残した糸でワイヤーを巻いて茎を作る。

ハルジオン

口絵 —— p.7
完成サイズ　全長約11.5cm

[材料]

レース糸(白／#80)
地巻きワイヤー（白／#35)
バインダーの穴用シール　4枚

[作り方]

1. 花芯を4枚編み、糸始末する。
2. 葉〔大〕を2枚、〔小〕を3枚を編み、終わりの糸のみ長めに残す(30cm程度)。
3. 配色表のとおりに着色する。
4. 花を4本作り、花芯と合わせる。→P.47
5. 糸で巻きながら花と葉を合わせ、組み立てる。→P.36参照
6. 茎を着色し、茎先を作る。→P.37参照
7. 硬化液スプレーをかけ、葉の形を整える。→P.43参照

[配色表]

花芯	1番
葉	13番、14番　※ランダムに着色する。
茎	14番→15番　※グラデーションに着色する。

[編み図]

花芯・4枚

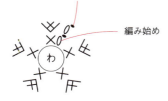

わの作り目にこま編みを5目編み入れて、わを引き締める。2段めはこま編みを2目ずつ編み入れながら、増し目をする。

葉〔大〕・2枚

葉〔小〕・3枚

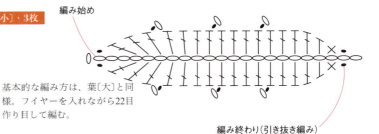

ワイヤーを入れながら28目作り目し、作り目の半目を拾いながら片側1段を編む。編み始めの1目めに引き抜き編みをしたら、くさり目を1目編んでワイヤーを折る。残り半目を拾いながら編む。→P.32参照

基本的な編み方は、葉〔大〕と同様。ワイヤーを入れながら22目作り目して編む。

❀ 花の作り方

準備／花に使うレース糸以外に、レース糸約20cmを8本、ワイヤー#35約10cmを4本、バインダーの穴用シール4枚、花芯を編んで着色したもの4枚、縫い針1本を用意しておく。

1 レース糸を人さし指に55回巻きつける。

2 約15cmの糸を *1* の中心に通し、2回かた結びをして余った糸は巻いた糸になじませて切る。

3 ワイヤーを通して2つ折りにする。

4 ワイヤーを通したところから、3〜4mm下を、もう1本のレース糸で3回結んでかた結びする。

5 *4* で余った糸の片方に針を通し、束ねた糸の中に通しワイヤー側に出す。この糸をワイヤーに巻いて茎を作る。

6 次にもう片方の糸に針を通し *4* で巻いた糸に通して、下のわの長さ程度に短く切る。

7 わを切る。

8 中心を指で広げる。

9 バインダー用シールを *8* で広げた上に貼る。

10 シールの縁に沿って糸を切る。

11 シールをピンセットでそっとはがす。

12 花芯のふちに接着剤をつけて、 *11* に貼る（→P.49）。これをあと3本作る。

いちご

口絵 —— p.9
完成サイズ　全長約6.5cm

[材料]

レース糸（白／#80）
地巻きワイヤー（白／#35）

[作り方]

1. 中に糸の余りを入れながら、実〔大〕を2個、〔小〕を1個編み、糸始末をする。
2. 花芯、花、それぞれ2枚ずつ編み、糸始末する。→P49
3. 葉〔大〕を3枚、〔小〕を6枚、がく5枚を編み、それぞれ終わりの糸のみ長めに残す（15cm程度）。
4. 配色表のとおりに着色する。
5. 実、葉、花をそれぞれ組み立てる。→P49～50
6. 先に花と葉を合わせた短めの茎を作る。
7. 実と残りの葉を合わせながら茎を作り、6も合わせ全体を組み立てる。
8. 茎を着色し、茎先を作る。→P.37参照
9. 葉を左右に2つ折りにして折り筋をつけてから、硬化液スプレーをかけて整える。→P.50

[配色表]

実	17番、18番
がく	14番
花	染めない
花芯	1番
葉、茎	14番　※ランダムに染める。

[編み図]

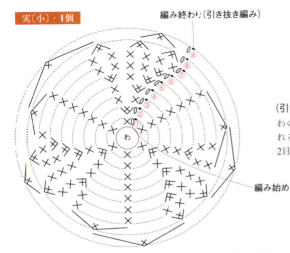

実〔大〕・2個　編み図・編み方→P.35

実〔小〕・1個

実〔大〕と基本的に編み方は同様。わの作り目にこま編み6目編み入れて、増減をしながら編んでいく。中には糸の余りを入れる。

葉〔大〕・3枚

わの作り目にこま編みを6目編み入れる。わを引き締めてから、くさり2目を立ち上げて1段編む

葉〔小〕・6枚

葉〔大〕と基本的に編み方は同様。

48

花芯・2枚	がく・5枚	花・2枚

 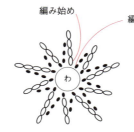 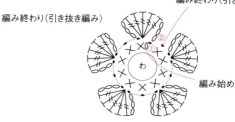

わの作り目にこま編みを4目編み入れる。わを引き締めてから、2段めを増し目しながら編む。

わの作り目にくさり目を4目立ち上げ、引き抜き編みをしながら戻る〔→P.33〕。わに引き抜き編みをしてからくさり目3目を立ち上げ、引き抜き編みしながら戻る。これを繰り返して10本のがく片を編む。

わの作り目に、こま編みを10目編み入れる。わを引き締めてから、くさり3目を立ち上げて、手前半目を拾いながら花びらを5枚編む。

✿ **花の組み立てポイント**　準備／ワイヤーを10cmに切っておく。

1　花芯はわの作り目をして2段編む。

2　長い糸は縫い針に通して裏側の編地に通して糸始末をする。

3　余った糸は短く切る。着色する。

4　裏側を表にしてピンセットで丸みをつける。

5　花の中心にワイヤーを2つ折りにして差し込む。

6　花芯のふちに接着剤をつける。

7　花の表中心に花芯を接着する。

8　裏が上、表が下になるように、がくの中心にワイヤーを差し込んで、接着剤で花の裏に固定する。

9　がくの糸でワイヤーを巻いて茎を作る。

●写真は分かりやすいように、作品と異なる色つきの太い糸を使用しています。

✣ 実の組み立てのポイント　　準備／ワイヤーを10cmに切っておく。

❀ 1　いちごの実の上部にワイヤーを通す。

❀ 2　ワイヤーの中心で2つ折りにする。

❀ 3　裏が上、表が下になるように、がくの中心にワイヤーを差し込む。

❀ 4　接着剤をつけていちごに固定する。

❀ 5　がくの根元に接着剤をつける。

❀ 6　がくの糸でワイヤーを巻いていく。

✣ 葉の組み立てポイント　　準備／ワイヤーを10cmに切っておく。

❀ 1　葉の根元にワイヤーを通し、片側約2cmの位置で2つ折りにする。

❀ 2　根元に接着剤をつけて、残した糸で5回巻く。

❀ 3　大1枚と小2枚をセットにして組み立てる。

❀ 4　小はワイヤーを曲げる。もう1枚の小も反対方向にワイヤーを曲げる。

❀ 5　大を中心にして合わせ、根元に接着剤をつけて糸で巻く。

❀ 6　全体を組み立ててから、左右半分に折って折り筋をつけて硬化液スプレーをかける。

●写真は分かりやすいように、作品と異なる色つきの太い糸を使用しています。

ブルーベリー

口絵 ———— p.8
完成サイズ　全長約11cm

[材料]

レース糸(白／#80)
地巻きワイヤー（白／#35）

[作り方]

1. 中に糸の余りを入れながら、実〔大〕を7個、〔小〕を3個編み、糸始末をする。
2. 葉〔大〕を4枚、〔中〕を2枚、〔小〕を4枚編み、それぞれ終わりの糸のみ長めに残す(15cm程度)。
3. 配色表のとおりに着色する。
4. 実、葉はそれぞれ大、小を組み合わせて短い茎を作っておく。
5. 4を合わせながら、茎を作る。
6. 茎を着色し、茎先を作る。→P.37参照
7. 葉を左右2つ折りにして折り筋をつけてから、硬化液スプレーをかけて形を整える。

[編み図]

実〔大〕・7個

わの作り目にこま編みを5目編み入れてわを引き締める。2段めは前段の手前半目にくさり目と引き抜き編みを編み、3段めは前段の向こう半目に3目こま編みを編み入れていく。あとはいちごと同様に増減をしながら糸の余りを入れて編んでいく。→P.35参照

実〔小〕・3個

実〔大〕と基本的に編み方は同様。わの作り目から3段めまでは同じ編み方をする。

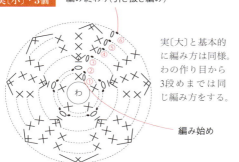

[配色表]

実	大:9番、小:6番、7番	※ランダムに染める。
葉	13番、14番	※ランダムに染める。
茎	15番→16番	※グラデーションに染める。

葉〔大〕・4枚

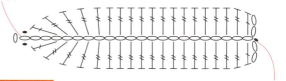

葉〔中〕・2枚

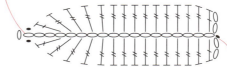

葉〔小〕・4枚

ワイヤーを入れながら大は22目、中は18目、小は14目作り目し、作り目の半目を拾いながら編み、片側1段編んだら、ワイヤーを折って、残り半目を拾いながら編む。→P.32参照

マグノリア

口絵 ── p.10
完成サイズ 全長約12cm

【材料】

レース糸(白／#80)
地巻きワイヤー(白／#35)

【作り方】

1. 花を編み、糸始末をする。→P.53
2. ワイヤーを入れながら葉を編み、それぞれ終わりの糸のみ長めに残す(30cm程度)。
3. 配色表のとおりに着色する。
4. ふしをつくる。→P.53
5. 葉を2枚ずつ合わせておく。
6. 花にがくをつけて、がくの糸でワイヤーで巻いて茎を作る。途中でふし、5を入れながら組み立てる。
7. 枝を着色し、枝先を作る。→P.37参照
8. 硬化液スプレーをかけて形を整える。

【配色表】

花	4番
葉	14番、15番 ※ランダムに染める。
枝	15番→16番 ※グラデーションに染める。

【編み図】

花〔1～4段め〕・9枚

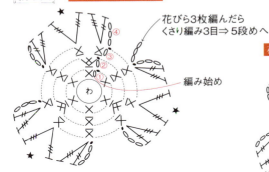

わの作り目にこま編みを6目編み入れて、わを引き締める。2～3段めは前段の手前半目に針を入れて編む。4段めで花びらを3枚編んだら、くさり目3目を立ち上げて、5段めへ。花を裏側に返す。

花〔5段め〕

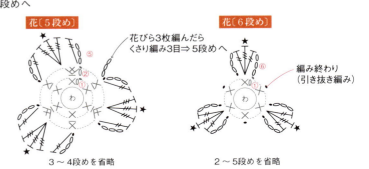

3～4段めを省略

花の裏側の2段めの半目に針を入れて、花びらを3枚編む。くさり目3目を立ち上げて、6段めへ。

花〔6段め〕

1段めの半目に針を入れて、花びらを3枚編む。

つぼみ〔1～3段め〕・1枚

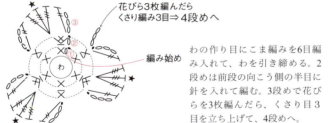

わの作り目にこま編みを6目編み入れて、わを引き締める。2段めは前段の向こう側の半目に針を入れて編む。3段めで花びらを3枚編んだら、くさり目3目を立ち上げて、4段めへ。

つぼみ〔4段め〕

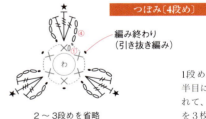

2～3段めを省略

1段めの手前半目に針を入れて、花びらを3枚編む。

がく・10枚 編み始め
編み終わり(引き抜き編み)

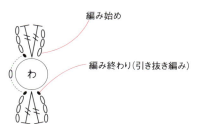

葉・6枚 編み始め

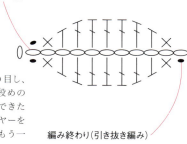

編み終わり(引き抜き編み)

わの作りめに立ち上がりのくさり目3目を編む。わに長々編みを2目編み入れ、3目くさり目を作ってからわに引き抜く。くさり目を1目編み、もう1枚、同様にしてがく片を編む。

ワイヤーを入れながら11目作り目し、作り目の半目を拾いながら1段めの片側を編む。編み始めの目まできたら、1目くさり目を編んでワイヤーを折る。残り半目を拾いながらもう一方の片側を編む。→P.32参照

✦ 花の編み方ポイント

1 4段めで3枚の花びらを編んだら、くさり目3目を立ち上げる。

2 1 を裏返し、2段めの半目、4段めの花びらの中心辺りの目に針を入れる。

3 針先に糸をかけて引き抜き、ここから5段めの花びらを3枚編む。

4 6段めは、1段めの半目、5段めの花びらの中心辺りの目に針を入れて編む。6段めを編んだところ。

5 編んだら、6段めの花びらが内側になるように重ね、形を整える。

6 マグノリアの花の編み上がり。

✦ ふしの作り方　準備／ワイヤーを3〜4cmに切っておく。

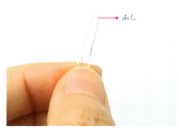

1 ワイヤーの中心に接着剤をつけ、1cm糸を巻いて中心で折る。

2 茎を作っている途中に 1 を合わせ、接着剤をつけて糸を巻く。

3 ふしのところから枝を少し曲げる。

●写真は分かりやすいように、作品と異なる色つきの太い糸を使用しています。

ラナンキュラス

口絵 —— p.11
完成サイズ　全長約7.5～8cm

[材料]

レース糸(白／#80)
地巻きワイヤー（白／#35)

[作り方]

1. 花の中心、花〔A〕または〔B〕、花びら1～3（Bは1～4まで）を編む。
2. がくを編み、終わりの糸のみ長めに残す(50cm程度)。→P.33参照
3. 葉〔大〕〔小〕を1枚ずつ編み、糸始末する。→P.34参照
4. 配色表のとおりに着色する。
5. 花を組み立てる。→P.55
6. がくの糸でワイヤーを巻きながら葉を合わせ、組み立てる。→P.59参照
7. 茎を着色し、茎先を作る。→P.37参照
8. 硬化液スプレーをかけて形を整える。

A　　B

[配色表]

花	A：1番、14番(中心)　B：7番、14番(中心)
葉	13番、14番　※ランダムに着色する。
茎	13番、14番

[編み図]　花〔中心〕・1枚

編み終わり(引き抜き編み)

編み始め

わの作り目にこま編みを5目編み入れて、わを引き締める。2～3段めは増し目をする。会り糸を入れながら、4段めは増減なしで、5段めはこま編み2目一度で、減らし目をして編む。

花〔B〕・1枚

編み終わり(引き抜き編み)

編み始め

わの作り目にこま編みを5目編み入れて、わを引き締める。2～5段めは増し目をして、6段めは増減なしで編む。7段めはくさり目3目を立ち上げ、長々編みと三つ巻き長編みで花びらを5枚編む。

基本的な編み方は、花〔B〕と同様。4段めまで増し目をしながら編み、5段めで花びらを5枚編む。

花〔A〕・1枚

編み終わり(引き抜き編み)

編み始め

花びら1・1枚

編み終わり(引き抜き編み)　　　編み始め

2目くさり目を編んだら、くさり目3目を立ち上げ、2目めに長々編みを4本編み入れる。続けて3目くさり目を編んで、長々編みと同じ目に引き抜く。くさり目1目おきに、あと4枚花びらを編む。※花びらを編み入れるくさり目はゆるめに編むのがコツ。

花びら2・1枚

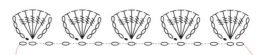

編み終わり(引き抜き編み)　　　編み始め

くさり目2目おきに、三つ巻き長編みを5本編み入れながら、枚の花びらを編む。

花びら3・1枚

編み終わり(引き抜き編み)　　　編み始め

くさり目3目おきに、三つ巻き長編みを6本編み入れながら、5枚の花びらを編む。

花びら4・1枚(Aは不要)

編み終わり(引き抜き編み)　　　編み始め

くさり目4目おきに、三つ巻き長編みを7本編み入れながら、5枚の花びらを編む。

がく・1枚

編み始め
編み終わり(引き抜き編み)

わの作り目に、くさり目5目を立ち上げる。そのくさり目に引き抜き編み、こま編みをしながら戻ってわに引き抜く。これを繰り返し、5枚のがく片を編む。

葉〔大・小〕各1枚

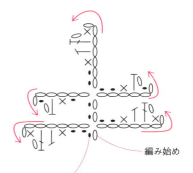

編み始め
編み終わり(引き抜き編み)

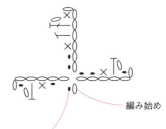

編み始め
編み終わり(引き抜き編み)

くさり目を編みながら、ひと筆書きのように5つ葉、3つ葉を編む。→P.34参照

❀ 花の組み立てポイント　※ワイヤーを20cmに切っておく。

❀ 1 花〔中心〕の下側にワイヤーを通して2つ折りにする。

❀ 2 花びら1の左端の花びらの表側根元に接着剤をつける。

❀ 3 1に貼る。

4 左から2番めの花びらの根元に接着剤をつける。

5 3に少し重ねるように〔中心〕に貼る。ピンセットを使うと作業がしやすい。

6 4〜5を繰り返し、5枚の花びらを〔中心〕につける。

7 花びら2〜4(Aは3まで)も 1〜 6 までと同様につけていく。

8 花びら4までついたところ。

9 花〔中心〕の下側の糸を接着剤で固定する。

10 残りの糸はすべて切る。

11 〔A〕、または〔B〕の編み終わりは、糸始末をして糸を切る。

12 上側が裏になるように花〔A〕、または〔B〕の中心に 10 のワイヤーを差し入れる。

13 花の根元に接着剤をつける。

14 しっかり固定する。

15 花のでき上がり。このあとがくをつけて、がくの糸でワイヤーを巻いて茎を作る。

56

ミモザ

口絵 ——— p.10
完成サイズ　全長約10cm

[材料]

レース糸(白／#80)
地巻きワイヤー(白／#35)

[作り方]

1. 花を編み、編み始めの糸は中に詰め込み、終わりの糸は長めに残す(15cm程度)。
2. ワイヤーを入れながら葉を編み、終わりの糸のみ長めに残す(20〜30cm程度)。
3. 配色表のとおりに着色する。
4. 花の下側にワイヤーを通し、接着剤をつけて、花の残りの糸で1cm程度巻いて茎を作る。すべての花を同様に作る。
5. 4の花を5〜12本程度合わせた茎を作る。
6. 5と葉を合わせながら、全体を組み立てる。→P.36参照
7. 茎を着色し、茎先を作る。→P.37参照
8. 硬化液スプレーをかけて形を整える。

A　　B

配色表

花	1番
葉	13番、14番　※ランダムに着色する。
茎	14番→15番　※グラデーションに染める。

[編み図]

花・A 13個　B 22個

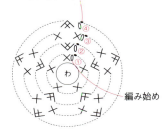

わの作り目に5目こま編みを編み入れて、わを引き締める。2段めは増し目、3段めは増減なし、4段めはこま編み2目一度で、余り糸を入れながら、減らし目をして、丸い形に編む。→P.35参照

葉A(柳葉アカシア)・13枚

ワイヤーを入れながら15目作り目し、くさり目を1目立ち上げ、作り目の半目を拾いながら1段編む。→P.32参照

葉B(銀葉アカシア)・5枚

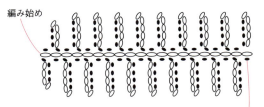

ワイヤーを入れながら20目くさりの作り目を編む。くさり目5目を立ち上げ、そのくさり目に引き抜き編みをしながら戻り、次の作り目に引き抜き編みをする。これを繰り返しながら片側1段編んだら、ワイヤーを折って、残り半目を拾いながらもう一方の片側を編む。→P.32参照

ピオニー

口絵 ——— p.11
完成サイズ　全長約9.5cm

[材料]

レース糸（白／#80）
地巻きワイヤー（白／#35）
ペップ（極小・黄）…12本

[作り方]

1. 花を編み、糸始末してコテを当てる。→下記
2. がくを編み、終わりの糸のみ長めに残す(50cm程度)。
3. 葉〔大〕〔小〕を1枚ずつ編み、終わりの糸のみ長めに残す(15cm程度)。→P.34
4. 配色表のとおりに着色する。
5. 花を組み立て、がくをつける。→P.59
6. 葉〔小〕〔大〕の順につけて組み立てる。→P.59
7. 茎を着色し、茎先を作る。→P.37参照
8. ペップをつける。→P.59

A　B

[配色表]

花	A：5番　B：4番　※Bの花先は白を残す。
葉	13番、14番　※ランダムに着色する。
茎	13番、14番

[編み図]　花・1枚　→編み図・編み方P.29

編み終えたら、表からコテを当てて丸みをつける。

葉〔大〕　→編み図、編み方P.34

葉〔小〕

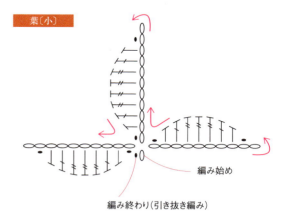

編み始め

編み終わり（引き抜き編み）

葉〔大〕と基本的に編み方は同様。ひと筆書きのように3枚の葉を編む。

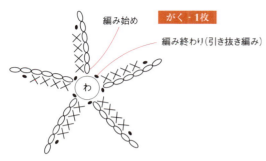

編み始め

編み終わり（引き抜き編み）

がく・1枚

わの作り目に、くさり6目を立ち上げ、編んだくさり目に引き抜き編み、こま編みを編み入れながら戻り、わに引き抜き編みをする。同様にしてがく片をあと4枚編み、最後にわを引き締める。→P.33参照

58

✤ **全体の組み立てポイント**　※準備／ワイヤーを約20cmに切る。

❀1 コテで丸みをつけた花の中心に2つ折りにしたワイヤーを差し入れる。

表

❀2 上側が裏、下側が表になるようにがくの中心に *1* のワイヤーを差し込む。

❀3 ワイヤーに接着剤をつけながらがくの糸で巻く。

❀4 がくから約1.5cm下の位置に葉〔小〕をつける。

❀5 葉〔小〕から約2cm下の位置に葉〔大〕を90度角度を変えてつける。

❀6 ペップは中心で切り、頭の位置で合わせる。

❀7 ペップを持って広げ、頭から2〜3mmのところに接着剤をつける。

❀8 丸く束ね、接着剤の部分をしっかり合わせる。

4mm

❀9 接着剤が乾いてから4mmの長さに切る。

❀10 花の表側中心に接着剤をつける。

❀11 *9* のペップをつける。

❀12 ピオニーのでき上がり。

●写真は分かりやすいように、作品と異なる色つきの太い糸を使用しています。

ニゲラ

口絵 —— p.11
完成サイズ 全長約10cm

材料

レース糸(白／#80)　地巻きワイヤー(白／#35)
ペップ(頭の幅2mm)…花1本につき1/2本
ガラスブリオン…少量

作り方

1. 花を編み、終わりの糸のみ長めに残し(40〜45cm程度)、花の下側に出しておく。
2. 苞を作る→P.61
3. 配色表のとおりに着色する。
4. ペップを半分に切り、茎と同じ色に着色する。
5. ガラスブリオンを油性マジックで緑色に染める。→P.45参照
6. 花の中心に2つ折りにしたワイヤーを差し込み、ペップも差し込む。→P.45参照
7. ペップのまわりに接着剤をつけて、ガラスブリオンをつける。→P.45参照
8. 花の糸でワイヤーを巻いて茎を作りながら、苞もつける。
9. 茎を着色し、茎先を作る。→P.37参照
10. 硬化液スプレーをかけて形を整える。

配色表

花	A:6番 ※淡く染める。B:10番
苞	13番
茎	13番、14番 ※ランダムに染める。

編み図

花〔1〜4段め〕・1枚

わの作り目にこま編みを7目編み入れて、わを引き締める。3段めは向こう側の半目を拾いながら増し目をして編み、4段めは、くさり4目を立ち上げて向こう側半目を拾いながら三つ巻き長編み、★(→P.28)を編んで花びらを編む。ぜんぶで7枚の花びらを編んだら、くさり3目を立ち上げて5段めに進む。

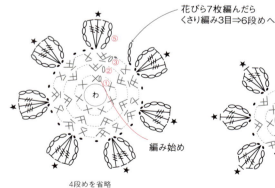

花〔5段め〕

3段めの手前半目を拾いながら、花びらを7枚編んだら、くさり3目を立ち上げて6段めに進む。

花〔6段め〕

2段めの手前半目を拾いながら、花びらを7枚編む。

60

苞の作り方　準備／10cmのレース糸を12本用意する。

1 糸の中心を針で空ける。

2 別の糸を通す。

3 もう一度、同じところに針を入れて糸を通す。軽く糸を引いて整える。

4 適当な長さに切る。

5 あと2本の糸を4mm間隔で、2〜4の手順でつけ、バランスを見て長さを整える。

6 苞のでき上がり。

セージ

口絵 ──── p.15
完成サイズ　全長約10cm

材料

レース糸(白／#80)
地巻きワイヤー(白／#35)

作り方

1 ワイヤーを入れながら葉〔大〕を8枚、〔小〕を4枚編み、終わりの糸のみ長めに残す(15cm程度)。
2 配色表のとおりに着色する。
3 葉〔小〕を2枚合わせて、糸でワイヤーを巻きながら茎を作り、残りの葉〔小〕2枚、葉〔大〕8枚を合わせて、組み立てる。
4 茎を着色し、茎先を作る。→P.37参照
5 硬化液スプレーをかけて整える。

配色表

葉〔大〕	13番、14番	※ランダムに染める。
葉〔小〕	14番	
茎	14番→15番	※グラデーションに染める。

編み図

葉〔大〕・8枚　〔小〕・4枚

ワイヤーを入れながら、〔大〕は20目、〔小〕は14目作り目し、作り目の半目を拾いながら編み、片側1段編んだら、ワイヤーを折って、残り半目を拾いながら片側を編む。→P.32参照

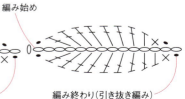

編み始め　　編み始め
編み終わり(引き抜き編み)　編み終わり(引き抜き編み)

ガーベラ

口絵 —— p.12
完成サイズ　全長約7.5～8.5cm

[材料]

レース糸(白／#80)
地巻きワイヤー（白／#35)

[作り方]

1. 花を編み、糸始末する。
2. がくを編み、終わりの糸のみ長めに残す(40～45cm程度)。
3. 配色表のとおりに着色する。
4. ワイヤーを20mに切り、花の中心に2つ折りにして差し込む。
5. 上側が裏になるようにがくの中心にワイヤーを差し入れる。
6. がくの糸でワイヤーを巻いて茎を作る。
7. 茎を着色し、茎先を作る。→P.37参照
8. 硬化液スプレーをかけ、重なった花びらが互い違いになるようにずらしながら形を整える。

A　B

[配色表]

花	A：17番、B：2番
花の中心	14番
茎・がく	14番

[編み図]

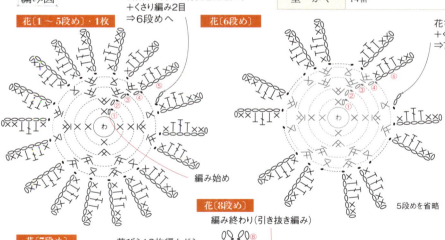

花〔1～5段め〕・1枚

5段目の終わり（引き抜き編み）
＋くさり編み2目
⇒6段めへ

花〔6段め〕

編み始め

花びら12枚編んだら
＋くさり編み2目
⇒7段めへ

わの作り目にこま編みを4目編み入れ、わを引き締める。2～4段めは増し目をしながら編む。このとき3～4段めは向こう側の半目を拾いながら編む。5段めはくさり6目＋立ち上がり1目編み、向こう側半目拾いながら、花びらを18枚編む。6段めは2目くさり目を編んでから、4段めの手前半目を拾いながら花びらを12枚編み、2目くさり目を編む。

5段めを省略

花〔7段め〕

花びら12枚編んだら
＋くさり編み2目
⇒8段めへ

花〔8段め〕
編み終わり（引き抜き編み）

4～6段めを省略

3～7段めを省略

7段めは、3段めの手前半目を拾いながら、引き抜き編みとくさり編みをしながら1周する。2目くさり目を編み、8段めを2段めの手前半目を拾いながら編む。

編み始め　がく・1枚

編み終わり
（引き抜き編み）

わの作り目にこま編みを4目編み入れ、わを引き締める。2段めは増し目をしながら編み、3段めはくさり目3目を立ち上げて、がく片を8枚編む。

カーネーション

口絵 ── p.12
完成サイズ 全長約8cm

[材料]

レース糸（白／#80）
地巻きワイヤー（白／#35）

[作り方]

1. 花を編んで、糸始末をする。
2. 花の根元に接着剤をつけ、左側からくるくると巻いてまとめる。→P.39参照
3. がく、葉を編み、がくの終わりの糸のみ長めに残す（40〜45cm程度）。
4. 配色表のとおりに着色する。
5. 花の根元にワイヤーを通して2つ折りし、裏が上になるように、ワイヤーの先をがくの中心に差し込む。
6. がくの糸をワイヤーに巻いて茎を作りながら、葉の中心にワイヤーを通し（→P.73参照）、全体を組み立てる。
7. 茎を着色し、茎先を作る。→P.37参照
8. 硬化液スプレーをかけて形を整える。

A　B　C

[配色表]

花	A:14番、B:17番、C:3番、4番 ※ランダムに染める。
葉、茎	13番、14番

[編み図]　花・1枚

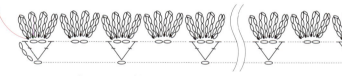

くさり目の作り目を12目編む。くさり3目を立ち上げ、長編み、くさり2目、長編みを1目めに入れて編み、続けてくさり2目を編む。これを繰り返して1段を編む。2段めは、くさり7目を編んで、前段のくさり目の下に針を入れて束に引き抜き編みをする（くさりの目を割らないで、くさり目を包むように編む）。あと3本も同様に前段のくさりに束に編み入れる。ぜんぶで23枚の花びらを編む。

葉・3枚

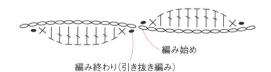

くさり目を13目編み、1段めの半分を編む。続けてくさり目を13目編み、折り返すように1段めの残りを編む。
→P.34参照

がく・1枚

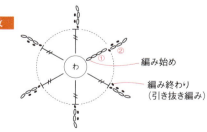

わの作り目に、くさり目4目を立ち上げ、長々編みを5目編み入れて、わを引き締める。2段めは、くさり目3目を立ち上げ、そのくさり目に引き抜き編みをしながら戻り、次の目の頭に引き抜き編みをする。これを繰り返し、がく片を6枚編む。

デイジー

口絵 —— p.12
完成サイズ　全長約7.5cm

[材料]

レース糸（白／#80）
地巻きワイヤー（白／#35）

[作り方]

1. 花を編み、終わりの糸のみ長めに残し(40〜45cm程度)、縫い針に糸を通して花の裏側に出しておく。
2. 花芯を編む。
3. 配色表のとおりに着色する。
4. ワイヤーを20cmに切り、花の中心に2つ折りにして差し込む。
5. 表側中心に花芯の裏側を上にして接着剤でつける。→P.49参照
6. 花の下側根元に接着剤をつけて糸で巻いてふくらみをつけ、がくを作る。→下記参照
7. 残りの糸でワイヤーを巻いて茎を作る。
8. 茎を着色し、茎先を作る。→P.37参照
9. 硬化液スプレーをかけ、重なった花びらが互い違いになるようにずらしながら形を整える。

A　　B

[配色表]

花	A：10番　B：染めない
花芯	1番
がく・茎	14番

[編み図]

[花〔1〜3段め〕・1枚]

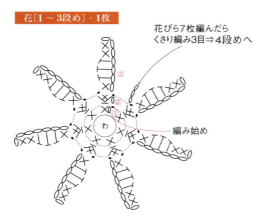

花びら7枚編んだらくさり編み3目⇒4段めへ

編み始め

わの作り目にこま編みを7目編み入れ、わを引き締める。2段めは向こう側の半目を拾いながら増し目をする。3段めはくさり6目を立ち上げ、花びらを7枚編む。7枚編んだら3目くさり目を編む。

[花〔4段め〕]

1段めの残っている半目を拾いながら花びらを7枚編む。

編み終わり(引き抜き編み)

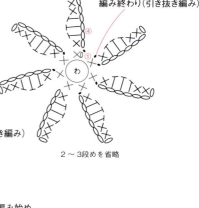

[花芯・1枚]

編み終わり(引き抜き編み)

2〜3段めを省略

編み始め

[がくの作り方]

ワイヤーに接着剤をつけ、糸を何重にも往復させてふくらみを作る。

あさがお

口絵 —— p.13
完成サイズ　全長約8.5cm

[材料]

レース糸（白／#80）
地巻きワイヤー（白／#35）

[作り方]

1. 花を編み、糸始末をする。
2. がくを編み、終わりの糸のみ長めに残す(20cm程度)。
3. ワイヤーを入れながら葉を編み、終わりの糸のみ長めに残す(15cm程度)。
4. 配色表のとおりに着色する。
5. ツルを作る。5cm程度に切ったワイヤーに、接着剤をつけながら糸を巻き、最後2mmぐらい折り返して整える。→P.37「茎先を作る1」参照
6. 2mm折り返した側が先端になるように 5 を目打ち先に巻きつけて、ツルの形を作る。
7. 花の中心に2つ折りにしたワイヤーを上から差し込む。
8. 裏が上になるように、ワイヤーをがくの中心に差し込んで、接着剤で花の裏につける。3枚ともすべて同様に作る。
9. ピンクの花の茎に 5 のツル、ほかの色の花、葉を入れながら組み立てる。
10. ツル、茎を着色し、硬化液スプレーをかけて花にウェーブをつける。

[編み図]

[配色表]

花	6番、8番、10番 ※白い部分をタテに残しながら染める。
葉、茎	13番、14番　※ランダムに染める。

葉・6枚

ここで糸を切る
編み始め
編み終わり(引き抜き編み)
ここで糸をつける

ワイヤーを入れながら作り目を11目編み、半目を拾いながらぐるりと1周編む(→P.32参照)。続けて、1段めの立ち上がりのくさり目、次のこま編みで引き抜き編みをして、くさり3目を立ち上げ、長々編み、三つ巻き長編み、1目ピコット(→P.25)を入れながら2段めを編む→P.31参照。いったん糸を切り、反対側も編む。

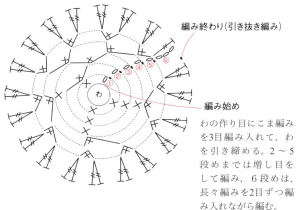

花・3枚

編み終わり(引き抜き編み)
編み始め

わの作り目にこま編みを3目編み入れて、わを引き締める。2～5段めまでは増し目をして編み、6段めは、長々編みを2目ずつ編み入れながら編む。

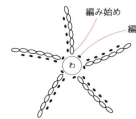

がく・3枚

編み始め
編み終わり(引き抜き編み)

わの作り目にくさり6目を立ち上げ、そのくさり目に引き抜き編みをしながら戻り、わに引き抜き編みをする。これをあと4回繰り返し、がく片を5枚編む。→P.33参照

フランネルフラワー

口絵 ――― p.14
完成サイズ　全長約12cm

材料

レース糸（白／#80）
地巻きワイヤー（白／#35）

作り方

1. 花を編み、終わりの糸のみ長めに残す（40cm程度）。
2. つぼみを編み、終わりの糸のみ長めに残す(4)cm程度)
3. 花芯、葉を編んで、花芯は糸始末をする。
4. 配色表のとおりに着色する。
5. 花に花芯をつけ、つぼみも作る。→P.67
6. 花の茎を作りながら、つぼみ、葉を合わせる。
7. もう1つの花の茎を作りながら、つぼみ、葉、を合わせて組み立てる。
8. 茎を着色し、茎先を作る。→P.37参照
9. 硬化液スプレーをかけて形を整える。

配色表

花の先端・花芯	14番、13番
葉、茎	12番、13番　※ランダムに染める。

編み図

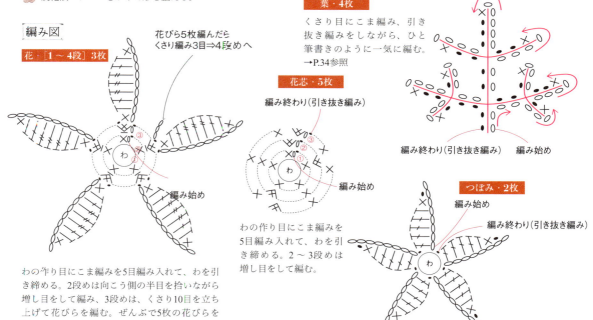

花：[1〜4段] 3枚

花びら5枚編んだらくさり編み3目⇒4段めへ

葉・4枚
くさり目にこま編み、引き抜き編みをしながら、ひと筆書きのように一気に編む。
→P.34参照

花芯・5枚
編み終わり(引き抜き編み)
編み始め

編み終わり(引き抜き編み)　編み始め

つぼみ・2枚
編み始め
編み終わり(引き抜き編み)

わの作り目にこま編みを5目編み入れて、わを引き締める。2段めは向こう側の半目を拾いながら増し目をして編み、3段めは、くさり10目を立ち上げて花びらを編む。ぜんぶで5枚の花びらを編んだら、くさり3目を立ち上げ、4段めへ。2段めの残り半目を拾いながら、3段めと同じ花びらを5枚編む(花びらの編み図は3段めと同様)。編み終わりは、最後の目に引き抜き編みをする。

わの作り目にこま編みを5目編み入れて、わを引き締める。2〜3段めは増し目をして編む。

基本的な編み方は、花と同様。わの作り目に、くさり8目を立ち上げて花びらを5枚編み、わを引き締める。

✣ つぼみの作り方　準備／ワイヤーを10cmに切る。

1 つぼみの中心に、2つ折りにしたワイヤーを上から差し込む。

2 つぼみの中心に裏を表にして丸みをつけた花芯を接着剤でつけ（→P.49）、さらにつぼみの花びらの根元にも接着剤を1周つける。

3 つぼみの花びらで花芯を包んで固定し、ピンセットで花先にウェーブをつける。

ききょう

口絵 ——— p.13
完成サイズ　全長約10cm

材料
レース糸（白／#80）
地巻きワイヤー（白／#35）
ペップ（頭の幅1mm・黄）…1.5本

作り方
1. 花を編み、糸始末をする。
2. がくを編み、終わりの糸のみ長めに残す（40cm程度）。
3. ワイヤーを入れながら葉〔大〕〔小〕を編み、終わりの糸のみ長めに残す（15cm程度）。
4. 配色表のとおりに着色する。
5. 花の中心に2つ折りにしたワイヤーと半分に切ったペップを差し込み、がくと合わせる。→P.36
6. がくの糸でワイヤーを巻いて茎を作りながら、〔大〕〔小〕の葉もつける。→P.36
7. 茎を着色し、茎先を作る。→P.37
8. 硬化液スプレーをかけて形を整える。

配色表

花	7番、8番	※ランダムに染める。（右端）8番 ※淡く染める。
葉	12番、13番	※ランダムに染める。
茎	14番→15番	※グラデーションに染める。

編み図

花・3枚	編み図、編み方→P.26
がく・3枚	編み図、編み方→P.33
葉〔小〕・3枚	編み図、編み方→P.32

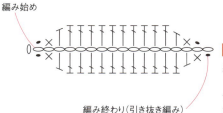

葉〔大〕・3枚
基本的な編み方は、葉〔小〕と同様。ワイヤーを入れながら、くさりの作り目を17目編んで、折り返しながら1周編む。

ユーカリ

口絵 —— p.15
完成サイズ　全長約9.5cm

材料

レース糸（白／#80）
地巻きワイヤー（白／#35）

作り方

1. ワイヤーを入れながら4サイズの葉を編み、終わりの糸のみ長めに残す（15cm程度）。
2. 配色表のとおりに着色する。
3. 葉〔小〕を2枚合わせて、糸でワイヤーを巻きながら茎を作り、〔中〕2枚、〔大〕4枚、〔特大〕2枚の枝を1本作る。
4. 残りの葉〔小〕を2枚合わせて、糸でワイヤーを巻きながら茎を作り、〔中〕2枚、〔大〕4枚、〔特大〕6枚の枝を作る。さらに3の枝も合わせて組み立てる。
5. 茎を着色し、茎先を作る。→P.37参照
6. 硬化液スプレーをかけて形を整える。

配色表

葉〔小〕〔中〕の葉先	14番
葉	12番、13番　※ランダムに染める。
茎	13番→12番　※グラデーションに染める。

編み図　葉〔特大〕・8枚　〔大〕・8枚　〔中〕・2枚　〔小〕・4枚

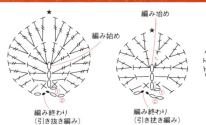

ワイヤーを入れながら、3目作り目し、〔特大〕は長々編み、〔大〕は長編みで1周2段編む。〔中〕は長々編み、〔小〕は長編みで1周編む（→P.32参照）。★→P.28

ミント

口絵 —— p.15
完成サイズ　全長約8.5cm

材料

レース糸（白／#80）
地巻きワイヤー（白／#35）

作り方

1. ワイヤーを入れながら葉〔大〕、〔中〕を編み、ワイヤーなしで、葉〔小〕を編み、終わりの糸のみ長めに残す（15cm程度）。
2. 配色表のとおりに着色する。
3. 葉〔小〕の中心に2つ折りにしたワイヤー（約1cm）を通す。
4. 葉〔小〕の糸でワイヤーを巻きながら茎を作り、〔中〕、〔大〕の順に、2枚ずつ対角になるように合わせながら組み立てる。
5. 茎を着色し、茎先を作る。→P.37参照
6. 硬化液スプレーをかけて形を整える。

配色表

葉〔小〕〔中〕	14番
葉〔大〕	13番、14番　※ランダムに染める。
茎	14番→13番　※グラデーションに染める。

編み図　葉〔大〕・9枚　〔中〕・2枚

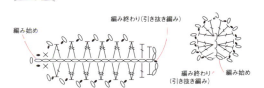

ワイヤーを入れながら、〔大〕は16目、〔中〕は3目作り目し、作り目の半目を拾いながら編み、片側1段編んだら、ワイヤーを折って、残り半目を拾いながら1周編む。→P.32参照

葉〔小〕・1枚

くさり目を6目編み、1段めの半分を編む。続けてくさり目を6目編み折り返すように1段めの残りを編む。

ヒペリカム

口絵 —— p.16
完成サイズ　全長約9cm

[材料]

レース糸(白／#80)
地巻きワイヤー(白／#35)

[作り方]

1. 中に糸の余りを入れながら、実を7個編み、糸始末をする。
2. がくを7枚編み、終わりの糸のみ長めに残す(15cm程度)。
3. 葉を4枚編み、終わりの糸のみ長めに残す(30cm程度)。
4. 配色表のとおりに着色する。
5. 実の下側にワイヤーを通して2つ折りにし、上側が裏になるようにがくの中心にワイヤーの先を差し込む。→P.50参照
6. 実の下側にがくを接着する。→P.50参照
7. がくの糸でワイヤーを巻きながら、組み立てる。
8. 茎を着色し、茎先を作る。→P.37参照
9. 硬化液スプレーをかけて形を整える。

[配色表]

実	17番、3番
葉	13番、14番　※ランダムに染める。
茎	14番→15番　※グラデーションに染める。

[編み図]

[実・7個]

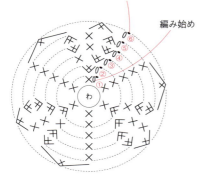

わの作り目にこま編みを6目編み入れて、わを引き締める。あとはいちごと同様に増減をしながら糸くずを入れて編んでいく。→P.35参照

[葉・4枚]

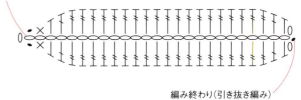

ワイヤーを入れながら25目作り目し、作り目の半目を拾いながら編み、片側1段編んだら、ワイヤーを折って、残り半目を拾いながら同様に1周編む→P.32参照。

[がく・7枚]

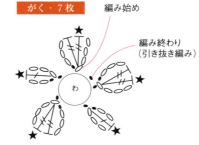

わの作り目にくさり編みを4目立ち上げ、そのくさり目の1目めに★(→P.28)を編みながら、長々編み2本、くさり目3目と引き抜き編みを編み入れる。次はわに引き抜き編みをしてからくさり目3目を立ち上げ、1目めに★を編みながら長編みを1本編み、くさり目2目と引き抜き編みを編み入れる。これを繰り返してがく片を5枚編む。

69

ヤドリギ

口絵 ——— p.16
完成サイズ　全長約11cm

[材料]

レース糸(白／#80)
地巻きワイヤー（白／#35)
クリスタルビーズ(直径4mm)…9個

[作り方]

1. 葉を編み、終わりの糸のみ長めに残す(20～30cm程度)。
2. 配色表のとおりに着色する。
3. クリスタルビーズに糸を通し、1つのものを3個、2つのものを3個作る。→下記
4. 葉のワイヤーで芽を作ってから2枚合わせたものを10枚作る。→P.71
5. 全体を組み立てる。→P.71
6. 茎を着色し、茎先を作る。→P.37参照
7. 硬化液スプレーをかけて形を整える。

[編み図]　**葉・20枚**

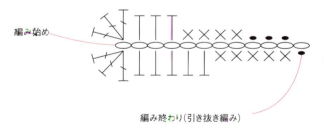

編み始め

編み終わり(引き抜き編み)

ワイヤーを入れながら12目作り目し、作り目の半目を拾いながら片側1段編み、折り返して残りの半目を拾いながら1周編む。→P.32参照

[配色表]

葉	13番、14番	※ランダムに染める。
枝	15番→16番	※グラデーションに染める。

✣ 実の作り方　　準備／10cmに切ったレース糸を9本用意する。

1. クリスタルビーズにレース糸を通す。

2. かた結びして、糸を90度回転させる。

3. 実を2つにする場合は、写真のようにそれぞれの糸を両手で持つ。

4 2本一緒にかた結びする。

5 かた結びしたところ。

6 ビーズのまわりに通っている糸をディープレッド（18番）で着色する。

芽の作り方

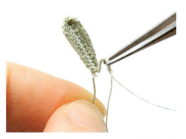

1 葉のワイヤーの片側に接着剤をつけて7mm程度糸を巻く。

2 巻いた部分をピンセットで半分に折る。

3 芽のでき上がり。

枝の組み立てポイント

1 芽をつけた葉と、芽をつけていない葉を根元で合わせる。

2 根元に接着剤をつけて糸を巻いて小枝を作る。残りの葉も同様にして10本の小枝を作る。

3 小枝同士は高さを変えて合わせていく。

4 実は小枝同士を合わせた根元につける。

5 小枝と実の根元に接着剤をつける。

6 実のすぐ下からきっちり糸を巻いていく。

ナナカマド

口絵 ——— p.17

完成サイズ
花の枝:全長約9.5cm 実の枝:全長約8.5cm

[材料]

レース糸(白／#80) 地巻きワイヤー(白／#35)
裸ワイヤー(0.2mm)
ガラスブリオン…適量
ウッドビーズ(直径4mm)…22個
刺しゅう糸(DMC321、3801)…各適量

[花の枝の作り方]

1. 花を編み、終わりの糸のみ長めに残す(15cm程度)。
2. 葉は〔大〕〔小〕を編み、〔小〕の終わりの糸は長めに残す(40cm程度)。
3. 葉を配色表のとおりに着色する。
4. つぼみを4つ作り、合わせて1つの枝にする。→P.73
5. 花の中心に2つ折りにしたワイヤーを差し込み、ワイヤーの上に接着剤をつけて、黄色に着色したガラスブリオンをつける。→P.45参照
6. 8枚の花で1つの枝を作る。
7. 葉〔小〕1枚、〔大〕4枚で1つの枝を作る。→P.73
8. 4のつぼみの枝に残りの花、6、7を合わせて組み立てる。
9. 枝を着色し、枝先を作る。→P.37参照
10. 硬化液スプレーをかけて形を整える。

[実の枝の作り方]

1. 実を22個作る。→P.74
2. 葉は〔大〕〔小〕を作り、〔小〕の終わりの糸は長めに残す(40cm程度)。
3. 葉を配色表のとおりに着色する。
4. 実は13個と9個に分けて、2本の枝を作る。
5. 葉は〔小〕各1枚、〔大〕各4枚で2本の枝を作る。→P.73
6. 13個の実の枝と葉の枝1本を合わせる。
7. 9個の実の枝に、残りの葉、6を合わせながら組み立てる。
8. 枝を着色し、茎先を作る。→P.37参照
9. 硬化液スプレーをかけて形を整える。

[配色表]

葉	13番、14番 ※ランダムに染める。
枝	15番→16番 ※グラデーションに染める。

[編み図] 花・19枚

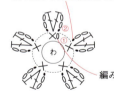

編み終わり(引き抜き編み)
編み始め

わの作り目にこま編みを5目編み入れて、わを引き締める。2段めはくさり目2目を編み、長編みとくさり編みで5枚の花びらを編む。

葉〔大〕・12枚

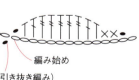

編み終わり(引き抜き編み) 編み始め

くさり目を14目編み、1段めの半分を編む。続けてくさり目を14目編み、折り返すように1段めの残りを編む。→P.34参照

葉〔小〕・3枚

編み始め
編み終わり(引き抜き編み)

ワイヤーを入れながら14目作り目し、作り目の半目を拾いながら1段編む。→P.32参照

つぼみの作り方　準備／ワイヤーを10cmに切る。レース糸は25cmに切る。

1. ワイヤーの中心に接着剤を少量つけて、糸を6回巻く。

2. 巻いた糸に接着剤をつけながら往復しふくらませる。

3. ふくらみがついたら、ワイヤーを2つ折りにする。

4. 指で巻いた糸を丸い形に整える。

5. 丸めた糸の根元に接着剤をつけて糸を巻く。

6. 5mm程度巻いたら、15cm残して糸を切る。

葉の組み立てポイント

1. 葉〔大〕の中心に、葉〔小〕のワイヤーを通す。

2. 葉〔小〕の下側に接着剤をつけてワイヤーを糸で3mm程度巻く。

3. 葉〔大〕にしっかり差し込み、2枚の葉の根元に接着剤をつける。

4. 5mm程度糸で巻く。

5. 巻いている糸以外は切る。

6. 葉〔大〕をあと2枚同様に差し込んで、糸で巻きながら枝を作る。

実の作り方　準備／2色の刺しゅう糸をそれぞれ11本ずつ55cmに切る。10cmの裸ワイヤーを22本作る。

1. 刺しゅう糸を縫い針に通し、ウッドビーズの中心に入れる。

2. 刺しゅう糸を通し、糸端は6〜7cm余らせておく。

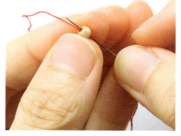

3. もう一度、同じ方向から針を入れる。

4. これを繰り返して、ウッドビーズを糸で埋める。

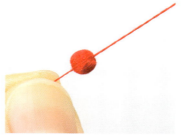

5. 糸で埋まったところ。針はまだ抜かないでおく。

6. 上からワイヤーを入れる。中心にウッドビーズがくるようにする。

7. 巻き終わりの糸をワイヤーに4回巻く。

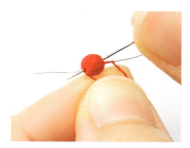

8. ウッドビーズの上から針を入れて、巻いた糸の部分がビーズの中に入るように、糸を下側に出す。

9. 糸が下側に出たところ。

10. 上側のワイヤーの先をウッドビーズの上から通す。

11. 実1個のでき上がり。2色の糸で各11個ずつ作る。

12. 2色の実をランダムに合わせながら、赤い糸でワイヤーを巻いて13個と9個の枝に組み立てる。

ピンブローチの作り方

口絵 ——— p.18
完成サイズ　全長約10cm

[必要なもの]
作品(好きな花や実、葉を束ね、束ねたところから5mm程度糸で巻き、糸は長めに残しておく)、染料(13番、14番)、ピンブローチ(長さ7cm)、両面接着テープ、縫い針

[作り方]

1. ピンブローチの先に2cm程度両面接着テープをつける。
2. 花束の下から1を差し込む。
3. ワイヤーは両面テープが貼ってある位置まで短く切って整理する。
4. 均一の太さになるように、ワイヤーを整理したところ。

5. 束ねた糸の残りで、両面テープをつけた範囲を巻く。
6. 巻いた糸に接着剤をつけて、束ねた位置まで上に向かって糸を巻く。
7. 縫い針に糸を通し、巻いたところに2回方向を変えて差して通してから、切る。
8. 糸を染料で着色する。

花束ブローチの作り方

口絵 ——— p.19
完成サイズ　全長約9cm

[必要なもの]
作品(好みの花や実、葉5～7本程度)、レース糸、染料(13番、14番)、ブローチピン(幅2.8cm)、両面接着テープ、縫い針、麻ひも

[作り方]

1. 花や葉を束ね、全長の1/2ぐらいの位置を両面接着テープで巻いて留める。

2. ブローチピンの裏側に両面接着テープを貼り、糸の端をピン先側に向かって留める。

3. ピン先の反対側から糸を巻く。

4. 1cm程度巻く。

5. 写真のように1と合わせる。

6. 続きの糸で、ブローチピンと花束を巻いていく。

7. 両面接着テープを貼った範囲が巻けたら、縫い針に糸を通し、巻いたところに2回針を入れて、糸を切る。

8. 糸の部分を緑色に着色し、乾いたら、麻ひもで束ねる。

ネックレスの作り方

口絵 ——— p.20
完成サイズ　全長約9cm（チェーン含まず）

> 必要なもの

作品（好みの花や実、葉15～16本程度、すべて糸を残しておく）、ワイヤー#26（15cm）、レース糸、染料（13番、14番）、ネックレスチェーン（長さ約19cmを2本）、アジャスター、引き輪、丸カン（直径4mmを2個、直径3mmを4個）、縫い針、接着剤

> 作り方

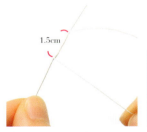

1 ワイヤーの先から1.5cmの位置に接着剤をつけて、1.5cmほど糸を巻く。

2 巻いたところを目打ちの先に巻いて2つ折りにし、その根本に接着剤をつけて、2本一緒に糸で1cm弱巻く。

3 ワイヤーに接着剤をつけながら、花や葉などを合わせて糸で巻いていく。

4 2の先端から8cmの範囲にすべての作品を入れる。

5 最後の葉から、さらに2cm糸を巻き、1cmのところでワイヤーを折る。

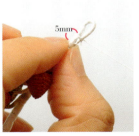

6 接着剤をつけ、5mm程度糸で巻いて折ったところを留める。巻き終わったら縫い針に糸を通し、巻いたところに2回針を入れて糸を切る。

7 糸の部分を着色する。両端に丸カン（直径4mm）をつける。

8 チェーンの両端に丸カン（直径3mm）をつけて、作品とつなぐ。もう一方の端にはアジャスターと引き輪を丸カンでつなげる。

花冠の作り方

口絵 ——— p.21
完成サイズ　全長約58cm（リボンは含まず）

必要なもの

作品（50～60本程度。小さな花や葉、実は小さく束ねておく）、ワイヤー#26（72cm）、レース糸、染料（13番、14番）、リボン（幅5mm×長さ118cmを2本）、接着剤

作り方

1. ワイヤーを10cm程度に切り2本重ね、中心に接着剤をつけて糸で3cm程度巻く。

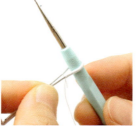

2. 1の中心に目打ちの持ち手部分を入れて2つ折りする。

3. ワイヤーが4本合わさったところに接着剤をつけて、1.5cm程度糸を巻く。

4. 接着剤をつけて糸を巻きながら、葉や花を合わせてつけていく。

5. 小さな実や花はあらかじめ小さな束を作っておくと形を整えやすい。

6. 作品が少しずつ重なるようにバランスよくつけていく。

7. 最後の作品をつけたら、さらに3cm糸を巻き、2と同じ要領で2つ折りにし、糸を巻いて留める。2つ折りにしたリボンを通す。

8. 通したリボンの折り山に、下側のリボンをくぐらせて引く。反対側も同様にリボンをつける。

リングピローの作り方

口絵 —— p.21
完成サイズ　約9×5cm（容器は含まず）

必要なもの

作品(セージの葉〔大〕〔小〕各2枚のほか、好みの花や葉40本程度。すべて糸始末をしておく)、スチロール板(ケースのサイズに合わせる。作品は9×5cmの楕円)、レースと麻布(スチロール板よりも1.5cm大きいサイズ)、ワイヤー、目打ち、縫い針、縫い糸

作り方

1. 麻布の上にレースを重ね、端から7mm程度内側を粗く並縫いする。※分かりやすいように赤糸を使用。

2. 1を裏に返し、スチロール板を置いて糸を引く。

3. 引ききって均等にギャザーを寄せたら、始まりと終わりの糸をかた結びにして短く切る。

4. ワイヤーを編み込んだ作品はワイヤーを2cm程度に切り、ワイヤーのない作品には、裏側の中心に4cmのワイヤーを通して2つ折りにしておく。

5. 作品を差したい位置を決めたら、目打ちの先で穴をあける。

6. 作品を差し込む。

7. セージの葉は大小を組み合わせて束ねたものを、ほどよい位置に差し込む。

8. 作品をバランスよくすべて差し込めば、でき上がり。

Lunarheavenly
中里華奈

レース編み作家。和裁をする母を見て育ち、子供の頃より手芸に親しむ。2009年にLunarheavenlyを立ち上げる。現在は個展、イベント出展、委託販売などで関東を中心に活動中。著書に『かぎ針で編むルナヘヴンリィの小さなお花のアクセサリー』『かぎ針編みと刺繍で描くルナヘヴンリィの小さなお花の動物たち』（ともに小社刊）がある。

Twitter　　@Lunar_h
Instagram　lunarheavenly
Blog　　　http://lunarheavenly8.jugem.jp/

撮影　　　　　安井真喜子
ブックデザイン　瀬戸冬実
スタイリング　　鈴木亜希子
図版・編み図　　長瀬京子
編集協力　　　　株式会社童夢

材料協力

ディー・エム・シー株式会社
〒101-0035　東京都千代田区神田紺屋町13番地 山東ビル7F
電話　03-5296-7831
http://www.dmc.com

クロバー株式会社
〒537-0025　大阪市東成区中道3-15-5
電話　06-6978-2277（お客様係）
http://www.clover.co.jp/

株式会社誠和
〒161-8552　東京都新宿区下落合1-1-1
電話　03-3364-2112
http://seiwa-net.jp/

本書に掲載されている作品及びそのデザインの無断利用は、個人的に楽しむ場合を除き、著作権法で禁じられています。本書の全部または一部(掲載作品の画像やその作り方図等)を、ホームページに掲載したり、店頭、ネットショップ等で配布、販売したりすることはご遠慮ください。

本書の内容に関するお問い合わせは、お手紙かメール(jitsuyou@kawade.co.jp)にて承ります。恐縮ですが、お電話でのお問い合わせはご遠慮くださいますようお願いいたします。

かぎ針で編む ルナヘヴンリィの 小さな花と実のブーケ

2018年11月30日　初版発行
2023年2月28日　4刷発行

著者　　Lunarheavenly　中里華奈
発行者　小野寺優
発行所　株式会社河出書房新社
　　　　〒151-0051　東京都渋谷区千駄ヶ谷2-32-2
　　　　電話　03-3404-1201（営業）
　　　　　　　03-3404-8611（編集）
　　　　https://www.kawade.co.jp/
印刷・製本　凸版印刷株式会社

Printed in Japan
ISBN 978-4-309-28700-3

落丁本・乱丁本はお取り替えいたします。
本書のコピー、スキャン、デジタル化等の無断複製は著作権法上での例外を除き禁じられています。本書を代行業者等の第三者に依頼してスキャンやデジタル化することは、いかなる場合も著作権法違反となります。